U0165250

我　城　My　Town　我　鎮

走入台灣十二座小城的故事　Narratology of Taiwanese Towns

CONTENTS

MY TOWN

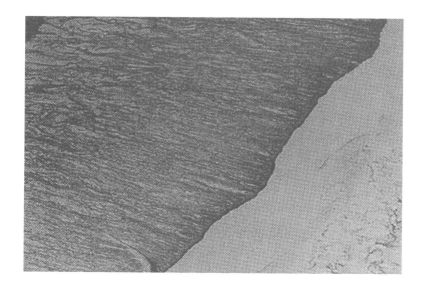

TOPIC 001
VERSE BOOKS

每一座城市都應該擁有專屬於自己獨一無二的DNA。然而，隨著時間軸的移動，赫然發現：人口移動、政治生態與產業發展左右著城鎮的前世今生，原來逐水草而居，找一口飯吃，還是一個關鍵。曾幾何時，發現台灣的城鎮不一樣了，以文化歷史底蘊為內容的城鎮進化悄悄地在發酵，城鎮品牌也成為顯學。這本書深刻的圖文描繪，感受到原來這才是真正的鄉土、原來城鎮應該是活的有機體！就讓我們跟著這本書走進12個城鎮的血脈，實際走一遭體驗她的生命力。

台灣地方創生基金董事長 **陳美伶**

本書介紹的12個城鎮你去了幾個呢？前一陣子跟一位台灣研究古道的老師聊天，她從大學開始爬山之後研究古道，老師說歷經50年到今天，台灣的山還是爬不完。同樣的，台灣雖然不大，但是包括了368個鄉、鎮、市、區，大家算過自己在這塊土地上生活這麼久去過幾個城鎮？本書介紹的12個地方我今年去過8個，如果你一個都沒去過，趕快行動、馬上出發，因為台灣的精彩你尚未看見。

老爺酒店集團執行長 **沈方正**

我成長於海線小鎮大甲、後來進到城市裡讀書，出社會後愛上自助旅行，特別喜歡自己開著車拜訪景點，在點與點之間很自然地就會隨意找個小鎮逛逛，尋找在地生活感與不經意的巧遇，於是在讀起這本《我城我鎮：走入台灣十二座小城的故事》時，對於撰文者的敘述非常有感，一篇篇清清淡淡卻厚實深刻的小鎮故事，是那麼清楚地映照著這座島嶼居民對於生活的實踐。

拍謝少年貝斯手 **梁薑薑**

以身為度、以物為量的小城敘事

城市有故事，鄉村有故事，每個地方都有故事，但問題的關鍵是如何敘事。

城鄉之間彼此互涉，國家的故事也包含地方，但留待給我們敘事的諸多素材，大概經常是從國家的觀點、城居者的角度寫成。於是，小城敘事必須取徑他途，不能只有長距離俯瞰，而不見真實的生命，小城敘事最宜採用以身為度、以物為量的方法。

把行走間的身體當成認識小城的媒介，透過身體感的感受，體會經由五感傳遞的訊息，除了視覺與文字，還有小城的味道、氣味與聲音，以及窄弄彎巷與身體之間，因為迫近而生的體會，身體為度，近身的距離，更能是開展認識另一個生命的橋梁。

以物為量，是很可以採取的小城觀察法，但凡在生活領域中出現的物，都有著與人密不可分的關係，追問物如何而來？為何如此？那些小城日常生活中，人們的獨特故事，經常存在其間。

《我城我鎮：走入台灣十二座小城的故事》，包含了台灣多元的小城態樣，如同三重與永和不是大都會的邊陲而是韌性之城；大甲與苑裡如何經由藺草產業編織，而創造自我認同；台中舊城與嘉義市是個依循長遠脈絡優雅蛻變的緩慢之城；相鄰的頭城與礁溪，老時間與新住民一起「想像自己是一株與大地連接的樹」，濱海與湧泉的土地包容了所有。

小城不缺舊記憶，但民雄與林口，透過「蓄力轉變的藝文培養皿」與「年輕城市充足的滋養」，找到小城新生的動力；西螺與鹿港是古老小城，新風範帶來的新主張，「在外地找尋成功討生活的苦旅，也是時候，在我們這代畫下句點吧。」老城因新生代而有新生命。

12 座小城的敘事裡，有黑暗與頹圮、緩慢與快速，也有香氣與滋味，新生與老舊並存，如同百年帽蓆行與年輕咖啡廳，都是承裝小城人與物的博物館。

《我城我鎮：走入台灣十二座小城的故事》有貼近日常的敘事視角，經由身體感與物件的觀察，可以感受陽光與黑暗，也有身體與物件共作的藺草編織之物，以及連帶著身體與物件構築的生長於小城的人。

小城故事的核心關懷，是土地與人群的連結與未來，敘事是通往終極關懷的過程，敘事學因此是引動小城前進的動力學，這本書提供了 12 種的敘事，值得你我參照。

書中每位的在地作者，用著「書寫我城」的態度，完成小城的敘事，我們很幸運地可以經由這本書，迅速地讓小城成為你我的城。

我在東部與西部、山上與海濱，都有自己認定的小城，這些地方可以說是我的複數家園，這些小城讓我認識更多朋友，感受土地的美好，甚或社會的真實。然後，最終可能被接納，成為另一個心靈歸屬的地方。

每個人的心中，應該存有如此的一座小城，定然有助於我們理解土地與感受幸福，讓島國台灣成為更美好的地方。就由《我城我鎮：走入台灣十二座小城的故事》出發，從別人的城裡，尋找自己的城吧！

───── 台南市政府文化局局長　**謝仕淵**

為台灣建構小城敘事學

台中大甲、宜蘭礁溪、新北永和……你可能熟悉這些地方的名字,但你知道他們的身世嗎?

VERSE 是以紀錄與詮釋台灣當代文化面貌、尋找台灣時代精神為使命的媒體,而「文化」其實是廣義的:是藝文創作、是影視音內容,也是飲食、時尚、生活風格……這看似無所不包,因為,文化就是人們的生活方式,是人們的價值和理念。

當然,這座島嶼不同角落的生活與文化也是我們深深關注的。

「My Town」是《VERSE》從創刊號就有的單元,並且持續至今。我們的初衷是講述台灣每一個小城 / 鎮的故事:那可能是你來自的家鄉,是你旅遊過的場所,或者你聽過但卻未曾造訪過的名字。無論如何,你可能從未知曉他們的故事。

過去幾年,地方創生成為改變台灣的重要力量,但地方創生需要有地方的敘事(narrative)和在地知識(local knowledge)為根基。從 90 年代的社區總體營造開始,許多人投入地方文史的爬梳、研究與傳播。然而,大部分媒體關注的還是「點」:是以生活風格的概念介紹新開的店,或是各種社會創新的實踐。但似乎欠缺一種書寫方式,為每一個小城 / 鄉鎮多層皺摺的歷史與生活尋找出屬於他們獨特的精神,他們的主軸敘事。

「My Town」嘗試進行一種非虛構寫作的文體。一方面是主觀而抒情的:我們邀請當地出身,或和當地有關的作者,書寫自身對於這地方的連結與情感,但另一方面也必須是客觀的:他們必須書寫地方簡史,並且採訪報導 3 個以上長年守候於此,或者返鄉洄游的人物或團體。

《VERSE》創刊至今 4 年，書寫過全台 24 個城鄉鎮，紀錄了 24 頁不同的島嶼歷史與生活樣貌。這本全新結集出版的書，從中先選擇 12 個城鎮出版，邀請作者更新與改寫——包括 VERSE 的優秀編輯，文學獎知名作家，以及在地最有代表性的寫作者等等。並且為了讓外鄉人於小城漫步，編輯也增加了更豐富的散步景點推薦，並請作者提供私房景點或美食。

同樣重要的是，這是一本雜誌書的概念，每一篇都由最優秀的攝影師紀錄下城市與人的光影，再加以 VERSE 的設計美學，讓翻閱這本書本身就是一場最動人的紙上旅程。

最終，希望你能帶著本書上路，走進這些你看似熟悉、但其實陌生的城鎮：不論是返鄉，或者是去小鎮漫遊，或者，就是走進「台灣」這本大書中的其中一頁。

這只是「My Town」的第一本書，我們將會一城一鎮繼續書寫下去——在第二輯出來之前，可以收看《VERSE》雜誌，每期都會持續述說關台灣的我城故事。

———————— VERSE 社長·總編輯　　**張鐵志**

我鎮

My Town

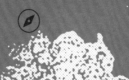

NARRATOLOGY
OF
TAIWANESE
TOWNS

家鄉往往是熟悉又陌生的存在，日日生活時看不清

往往要到距離拉得遠了，心中那座城的模樣，才會在氤氳中越來越清晰。

1/

ROOTS

三重　台中（舊城區）　大甲　西螺　鹿港　嘉義市　民雄　頭城

EAST ←　　　　　　　　　　　　　　　　NORTH

　　　SOUTH　　　　　　　　←← WEST

SANN-TĪNG-POO
TÂI-TIONG
TĀI-KAH
SAI-LÊ
LȮK-KÁNG
KA-GĪ
BÎN-HIÔNG
THÂU-SIÂNN

TOWNS

這座 黑色的城市
黑裡 透光

TEXT by 郭璈
PHOTOGRAPHY by 蔡耀徵

Sann-Ting-Poo

PROFILE　行政區 ○ 新北市 ——→ 人口 ○ 382,781 人 (2024/3) ——→ 面積 ○ 16.3170 平方公里

用一些網路鄉民的刻板印象來敘述三重：混亂、黑道、8+9（八家將 / pat-ka-tsiòng 的諧音哏），聽起來還滿「黑色電影」（Film Noir）的吧。

三重的確是黑色的，但那個黑並不邪惡，是來自家庭工廠裡師傅黑手們的黑、是昔日全台最大宗黑膠唱片生產地的黑，還有滷肉飯最重要的精華來源──醬油的黑。這種黑有一種深度，埋藏著經濟移民的生活育樂樣貌。Noir，通常也被視為非主流的 B 級片，但非主流亦有其迷人美學，只要稍加觀察，便能窺探其光。

2018 年高雄市長選舉，中國用語「北漂」一詞被大量泛用，形容那些從外縣市遠赴台北打拚的外鄉人。但其實早在 1960 年代，台灣中南部青年的北漂群像就已集結成冊，這些離開家鄉舒適圈的中南部子弟，有人隻身前來、有人攜家帶眷，像是駐紮在台北市外圍般，為戰後台灣第一波「經濟移民」揭開序幕。

國家首都通常都擁有較豐富的生活機能與較多的就業機會，進而吸引人潮進入，與之相對的，則是更為嚴苛的居住條件、置產不易，此時緊鄰都會區外圍的市鎮單位，便成為外來人口的居住首選。1990 年，林強那首石破天驚的〈向前走〉，講的就是遠赴他鄉、在台北打拚的青年故事，現在回過頭來看，歌詞裡這位主角，或許有很大的機率會住在三重。

三重，就是台灣近代最早具有北漂意識聚集地的衛星城市，想想這個「漂」字真有種苦悶的詩意，用英文解釋即是 drift / drifter，漂流他鄉卻無所適從，住不進台北、卻又想在市區謀生的外來人口，像是先被篩子過濾般，通通匯流到「三重埔」（sann-tīng-poo），偶爾遠眺淡水河畔的另一端，那裡飄散著看得見但觸不到的台北夢。

**「下港人」的
韌性之城**

在這座城市變成黑色以前，三重其實種滿白色的花。

台北盆地的開發，是從淡水河畔開始，所謂的三重埔，是閩南人口中的「河岸第三段沙洲」，肥沃的河埔地在清領時期用來種植柑橘、蔬菜等農作。隨著時代變遷，農產品的栽植選擇也有所不同。日治時期，繁華的大稻埕迎來國際化，當地茶商也讓台灣茶走向精緻化，每日需生產大量香片穩定外銷，隔岸的三重埔農地成為最快捷又方便的原料供應地，三重人開始種花，花開遍野的茉莉、黃梔點綴著三重日常，這些香料花種形塑了最初的在地經濟體系。

但光是種花吸引不了中南部人北上搏命的。1945 年，來台的國民政府對台北市中心有著更密集、現代化的開發計畫，台灣的經濟政要重心也逐漸從南移北，僅隔一條台北橋便能到達首都的三重人口激增，從 1947 年到 1962 年之間，人口從 2 萬 6000 人暴增至近 12 萬人，持續增長的人口數，讓這裡成為台灣首座由「鎮」單位改制升級的縣轄市，也是新北市（舊名為台北縣）的第一個縣轄市。

與日韓社會動搖國本的大型企業掛帥不同，台灣在 70 年代以後，靠著中小型企業單位支撐著經濟發展。1969 年，時任省主席謝東閔宣揚「客廳即工廠」，三重也從經濟農作轉向輕工業發展，但與大型工業區不同，三重的工廠多擠身在鄉里巷弄民宅內，主打鑄模、車床、電鍍、螺絲製造等五金零件製造或半成品代工，許多離鄉背井的異鄉人在此黑手創業、白手起家，為家庭與事業拚搏。此時的三重，逐漸成為全台機械工業零件的主要供應基地。

「住在三重埔的都是『下港人』，要能住進台北，才會變成『頂港人』。」三重埔文史研究協會執行長洪希賢如此表示，這位《三重市志》主要編修者研究三重多年，他認為，這裡不僅是能解釋中南部北上移民生活的寫照，也是記錄台灣輕工業發展的重要切片。

除了小型家庭代工，許多知名大廠的源頭也都誕生於此：小美冰淇淋、華資粧業（資生堂）、歌林電器、中興紡織，和諸多醬油大廠如萬家香、味王、味全，這些國際級企業最初都以三重當作起點，努力打磨著「Made in Taiwan」的招牌，「下港人」出品的東西，包辦了食衣住行，不只能賣給「頂港人」，更能進軍國際。

庶民娛樂的代表性載體

所以三重被稱作「九橋之都」也不是一天造成的。承載台灣輕工業重任的三重，為了因應人口激增，政府單位在腹地內增設多處跨越淡水河的聯外橋梁，四通八達的交通中繼點，雖加速都市成長，也塑造出龍蛇混雜的生活環境，從而影響治安，造成混亂。洪希賢認為，北遷移民生活不易，面對工作認真賣命，對地盤意識也較為強硬，而三重的地理位置複雜，屬於城與城的邊界地帶，警務容易疏忽，變相促成黑道盤踞的可能性。

但三教九流聚集地亦能長出獨特的文化樣貌（例如日本新宿的歌舞伎町），尤其是娛樂層面。60 年代的大台北地區，有兩個地方的娛樂產業是興起最快速的：一是中山北路至圓山一帶，那是服務權貴的上流世界，美軍駐台更促進西方文化匯集；其二就是三重重新路上的戲院街，長出屬於藍領與庶民階層的解憂方式，也是現代人類最基礎的兩項娛樂：看電影、聽音樂。

「天台影城」是三重娛樂文化的縮影。建於 50 年代的戲院出自李瑞軟之手，這位建材業老闆實在太愛看戲了，便在自家工廠 2 樓樓頂加蓋一座歌仔戲台，故名天台。天台看盡了台灣近代娛樂變遷。1966 年，李瑞軟的工廠正式改建為天台戲院，放映電影，並陸續開設專演歌仔戲、話劇、歌舞團等不同類型的戲劇演出場域，圍繞著重新路戲院街的娛樂生態也逐漸形成，吸引其它戲院進駐，連動周邊市場，形成大型娛樂商圈。

這種觀影娛樂風氣也連帶唱片業發展，隱藏在三重巷弄裡的小型工廠中，也包含黑膠生產項目，在卡帶逐漸取代黑膠前，台灣黑膠唱片的最大片源，都來自三重，當時全台的唱片工廠有 7 成都落腳於此。城市風氣是會形塑出地靈人傑的因果關係，鳳飛飛、林青霞、洪一峰、許不了……以及台灣第一位女性導演陳文敏，這些改變台灣影視發展的巨人，在發跡前都住過三重，抑或與三重脫不了地緣關係——生長在這樣充滿刺激娛樂的都市裡，很難不對五光十色的演藝圈產生憧憬。

天台廣場曾在 1988 年重建、於 1992 年年底重新開幕，戲院也從原先的百家爭鳴整合為一家現今仍存在的「天台影城」。90 年代的天台廣場尤其風光，升級的複合式商場空間，其熱鬧程度並不亞於中興橋另一端的熱門青年聚落西門町，這裡的電玩街機廳（arcade）總是引進當時最新的遊戲機種，網路咖啡廳、提供過夜的漫畫出租屋，只要是當今最新的娛樂方式，都會在這裡率先發生。

可天台的繁華已今非昔比，有限的市區腹地終將無法容納更大宗的娛樂產業發展，隨著產業轉型，曾經撐起台灣輕工業半邊天的家庭工廠代工，最後也被外籍勞動力所取代。唯一不變的，就是在地居民的移動與勞動需求依舊，河畔那頭的台北永遠迷人燦爛，有如一盞明燈，每天吸引成千上萬的飛蛾前仆後繼通勤，再拖著疲憊的身心回巢。

天台廣場曾開設多間戲院，並聚集電玩、網咖、漫畫等流行娛樂店家，是三重地區90 年代最熱鬧的流行娛樂商場。

當三重有了自己的鄉愁

但三重並非是個什麼都會煙消雲散的傷心地，越貼近人情味的細微事物，經常會因為時間的洗鍊而有了新的樣貌。單憑經濟移民發展的城市，或許鮮少具有地緣共感，對許多老一輩的人來說，也可能是跳板型的中繼站，面對居不易的台北城心，鄉愁則停留在中南部家鄉。白駒過隙，家鄉不在台北的三重人在此代代更迭，在地情誼也更迭出新的樣貌。

「東海醫院設計工作室」創辦人暨設計師徐景亭近年以「黑色聚落」名義，串連了中正北路 193 巷周邊的上百家工廠，透過策展、工作坊和影像紀錄等形式，述說三重家庭工廠的故事，試圖傳承小型代工廠文化。這些傳統代工廠擁有難以取代的經營模式，簡單有效率的產業鏈，蘊藏著長期積累的人文經驗。

1973 年，知名醬油品牌「萬家香」在這裡設立當時集團最大的釀造工廠，讓醬油釀造從過往的家庭式生產，提升至工廠作業化流程。北漂移民與工廠生態改變了三重，三重埔的花香也逐漸變成醬油香。

提到醬油，則離不開三重最具代表性的滷肉飯。民以食為天，吃是能串起人情味的基本盤，台灣北部的滷肉飯，在南部被稱為肉燥飯（而在南部人口中的滷肉飯則是北部所稱的炕肉飯），這是一種節省成本的料理手段，將一整塊奢侈鮮肉製成肉燥配飯。

對三重人來說，鹹香帶甜、肥而不膩的滷肉飯已是共感記憶——今大滷肉飯、店小二滷肉飯、黎記筒仔米糕、光興腿庫……以及太多巷弄市場內的無名店家，串起了每個世代的味蕾。米飯、滷汁、肥瘦比例嚴謹的肥絞肉，說簡單又不簡單，這種直截了當、單純、吃得飽、方便又快速的餐飲結構，實在非常呼應這座由勞動階級所建構的城市生活型態。

叛逆與探險，是三重人的生活語言

昔日，每逢豪雨、颱風，三重市區必淹水的景象，絕對是老三重人揮之不去的惡夢。直到水岸與二重疏洪道經過多年整治，如今水災夢魘已不再叨擾，現在的疏洪道外側經過填河修治，已成為擁有面積 424 公頃的「新北大都會公園」，幾乎每日都有鄰近的家庭或幼稚園帶著孩童前來遊憩玩耍。

2018 年，香港攝影師 M. Chak 以「台北橋機車瀑布」為主題所拍攝的「Motorcycle Waterfall」（機車瀑布）入選《國家地理雜誌》旅行攝影大賽，讓這個台北橋口通勤時分必然出現的驚人車流成為國際知名景觀。這座移民之城包容五湖四海，也勇敢度過每一次水災與現代化浪潮，或許過程中有失有得，潛藏於平民百姓日常間的常民美學與記憶卻不會改變，曾經習以為常的三重風景，在新的世紀裡也有了新的解讀方式。

現在的三重已不會再淹水了，唯通勤時段巨大車流擁堵依舊，好像只要東方魚肚白時，三重人就要拚了命地往外鑽、往台北鑽，前往彼岸追尋夢想。現在捷運三重站甚至還能通往國際機場了，三重人的台北夢一定也更大更遠。

我離開三重很久了，我是在搬離三重後，才意識到外地人對這裡的刻板印象。外人口中的三重埔像是個充滿混沌的瘋狂世界，但如果這些刻板印象屬實，至少我的童年也是在這座黑色城市裡完熟。我永遠記得 90 年代天台廣場五光十色的霓虹燈，父母叮嚀你別獨自前往（要有大人陪）的電動街機廳，但你還是在某天下課後選擇與三五好友成群結黨前去探險。現在回想起來，這種小小的叛逆感，就很三重人——勇於冒險、探索，只為前往心中那座滿載夢想之地。

詩人 T・S・艾略特（Thomas Stearns Eliot）說：「所有的探索都將回到起點。」無論從何而來，三重人的鄉愁最終還是會回到三重，或者，重新看見三重的光。

01

先嗇宮

三重地區最古老的廟宇，主祀神農大帝，又稱「五穀（谷）王廟」，擁有北台灣最大的花磚牆。

• 新北市三重區五谷王北街 77 號

新北市大都會運動公園

公園位於橫跨淡水河、連接二重疏洪道兩岸的新北大橋下，占地寬廣，可眺望山河景觀。

● 新北市三重區新北環河快速道路

滷肉飯

台灣代表性小吃之一，也是三重的平民美食。在三重，隨意走進一間在地小吃店家，來碗肥而不膩的滷肉飯裹腹。

● 今大、店小二、黎記、光興……任君選擇

三重菜市場／三和夜市

白天是販售食衣住行各種品項的傳統市場，入夜後成為極具人氣的三和夜市，想要品嘗老字號的三重美食：鹹湯圓、肉圓、蚵仔煎、木瓜牛奶，絕不能錯過三和夜市。

● 新北市三重區中央北路

♀ 作者推薦私房景點

TEXT by 郭璈

❶ 二重疏洪道

在綠化、整治成如今的新北大都會公園以前，這裡就是一片臨河的碩大荒原。

● 新北市三重區水漾路一段；三重捷運站旁

❷ 三重護山宮

離當年居住地最近也最大間的廟，有如里民中心的存在，在廟宇碩大的中堂內跑來跑去是兒時記憶。

● 新北市三重區三陽路 11 號

❸ 今大滷肉飯

滷肉飯是三重人的驕傲，除了一間不知道還在不在的不知名攤販，有名的店就屬今大最中意。

● 新北市三重區大仁街 40 號

一座傾頹的舊王國

TEXT by 郭振宇
PHOTOGRAPH by ANJIA CHEN

Tai-Tiong

台中（舊城區）

註 以下數據以「台中中區」統計。

PROFILE 　行政區 ○ 台中市 ⟶ 人口 ○ **17,885** 人 (2024/3) ⟶ 面積 ○ **0.8803** 平方公里

作為在外地工作的台中人，如果有人問我「台中」是什麼，我會說：去舊城區走走。

「舊城區」並非現存的具體行政區，其範圍以台中火車站為中心向外開展，以中區為主及部分的東、西、南、北區。雖難劃定界線，但每當我從西屯沿著台灣大道跨過五權路，就知道自己進城了——那座城與反方向的台中國家歌劇院或勤美誠品綠園道相比，光線黯淡，蒙上一層時間燃燒後的灰燼。

灰燼之下，日治時代的行政廳舍雄偉矗立，垂老街屋彎胸駝背，也有數座如死去巨人般的廢棄百貨橫躺。這裡是台中的誕生處，曾經盛況空前，如今卻像被脫去的殼，號稱「全台灣廢墟密度最高的地區」。

KEYWORDS
①太陽餅
長崎蛋糕②
③文化城
鐵路城市④

因鐵路而生的城市

「台中」一詞正式出現在歷史書頁上，是日本接收台灣後，因看好中部地域優勢及大清留下的官有地，設立了台中縣。當時台中最熱鬧的東大墩街（今中區一帶）潮濕狹窄、污水四溢且舉步難行，於是台灣總督府自 1900 年起施行「市區改正」計畫，整治河川，拆除大清遺留的建築，打造棋盤式的整齊街廓，並陸續設立台中州廳、市役所、刑務所、警察署等重要行政官署。

1908 年，盛大的「縱貫鐵路通車典禮」在台中公園舉行——這是這座城市的命運轉折點，由於地處島嶼中央，日本人認為有潛力以鐵道串連成商業樞紐，便一直以「鐵路城市」為藍圖建設台中。往後鐵路就如同台中的臍帶，不斷輸送物流、金流與人流，使之迅速茁長成中部的第一大城。

台中因街區井然有序，和洋折衷風格建築林立，經流市中心的綠川、柳川綠意蔥蘢，神似京都的鴨川與桂川，又有「台灣的京都」美名。且商業發達加上交通方便連接南北，許多政治及文化運動也都在台中活動，如蔣渭水與林獻堂等

上／陳雕刻處第二代老闆陳文才，見證過舊城區鼎盛時期的榮景。 下／台中糕餅業興盛，特別是太陽餅，可以說是台中名產的代名詞。

人成立的台灣文化協會、台灣民眾黨，由台灣人募資籌建全島規模最大的漢語書籍書局「中央書局」、第一所專收本島學生的「台中中學校」（今台一中）等，讓知識分子又給它起了另個別名：文化城。

萬物豐饒之時

「相對於殖民壓迫較強的台北、有傳統文化包袱的台南，台中當時在思潮和經濟活動上都是最先進的。」中城再生文化協會理事長蘇睿弼表示。儘管 1949 年國民政府遷台之後，台中湧入數以萬計的新移民，在柳川、綠川兩岸搭建許多違章吊腳樓[註1]，使城市景觀驟變，但早期火車仍是主要交通工具，因此車站周圍一直到戰後都還是全台最繁榮的街區。

1926 年創立於剝皮寮、1945 年因台北大空襲而遷居台中的「陳彫刻處」見證過榮景，木工業隨百工百業的活絡而興盛，過去光是雕刻處所在的中區仁愛街，500 公尺內的同業就有近二十家。「民國 50 多年（1960 年代），整條中華路到中正路摩肩擦踵，從中午到半夜都人潮不斷。」第二代老闆陳文才說，當時舊城區沒走幾步路就有一間戲院，「到現在我都可以想起來那些看過的電影。」

陳彫刻處在戰前雕刻日本神龕、屏風與欄間大型物件，戰後則以工業印模與匾額訂製為主，同時也為台中繁榮的糕餅業製作餅模。

註1　吊腳樓原是中國南方少數民族的建築形式，國民政府遷台後，允許尚未安置的外省移民於柳川、綠川沿岸自建吊腳樓作為居所。1970 年代後為改善都市景觀已拆除。

1954 年開業的「太陽堂老店」是台中糕餅文化的推手之一，第二代老闆雷文雄將傳統椪餅改良成「太陽餅」，因為品質好、貨量大，當時火車只要過站台中，賣的都是雷家的產品，順勢讓太陽餅成為家喻戶曉的台中名產。「那時候成功嶺的大專兵都在市區放假，全家人來見兒子以外，還會住宿、逛街，順便買太陽餅回去，非常熱鬧。」同為第二代經營者的雷坤滿說。

車站前是匯集市政府、醫院、學校、銀行與商店街的政商中心，車站後則是台中糖廠與台中酒廠為首的工業區，作為中台灣光芒最熾盛之處，這裡到 1970 年代前都坐擁全台最高地價。「你很難想像，店家只要鐵門一拉起來，外面都是客人在等，收錢收到中午沒時間吃飯。」蘇睿弼說，「生意好到連外面騎樓的一根柱子都能租來開店，而且光柱子的租金，聽說就可以去台中縣買一棟房子。」

景氣活絡，造成一些投機的賺錢方法開始出現，如當時一條自由路上就有 8 間百貨公司，可櫃位很多不是出租用，而是拿來賣的，「剛推出時不貴，大概 16 萬，但一年半就回本了，所以當然有人買了轉手賣，一個櫃位最後炒到 200 萬元。」蘇睿弼說，類似這種台中人發明的「鬼點子」都是建立在景氣很好的狀態上，「可是你想，總有最後一隻老鼠嘛。」

車站前匯集台中市重要政商機構，圖為台中市役所，戰後曾陸續作為台中市政府新聞室、社會局等單位使用。

王國的崩解　　　1978 年，中山高速公路全線通車，為台中市中心劃破了一道流失人潮的口子。

往後幾年，台灣人均擁有汽車數量持續攀升，火車的重要性下降，位於高速公路下的區域開始發展百貨商圈。加上都市擴張，市府向外陸續重劃市地，在市中心賺了錢的人轉而在重劃區買房、買地投資，商業動力與人口外移，城市重心逐漸向西移轉。2000 年代後，隨著新市政府、議會大樓等在西屯區啟用，象徵台中第七期重劃區正式取代「舊市區」成為「新市區」。

如今放眼望去，中區的雕刻店寥寥可數。「商場很可怕，一條街只要有兩、三間店休市，這條街馬上就會衰退下來，非常明顯。」陳文才觀察，交通深刻改變了大眾的生活與消費模式，「以前的人從火車和公車下車後，都是直接走進市區消費。有了車子以後，才發現原來舊市區很不好停車，就轉向比較寬闊的重劃區消費。」而嗅到商機的太陽堂老店，立刻就在高速公路附近商圈開設零售商店，過去集中在中區的糕餅同業，多數則隨舊市區的沒落黯然退場。

舊城區保有豐厚的歷史文化資產適合開發成觀光街區，因此每任市長都曾喊出「振興舊城」的口號，活化文化資產、行銷在地故事，卻仍難號召人流。蘇睿弻認為，交通與建物產權的複雜是兩大阻礙，「政府當初把很多『美國汽車城市』的思維帶進台灣來，與過去以大眾運輸、步行為主的人本城市產生矛盾。」他舉例，舊城大多仍是兩旁畫滿停車格的單向道，不利於步行；而就算能夠步行，此處的空屋對創業者也不友善，導致舊城能夠探索的小店稀少，缺乏整體規劃的願景。

為何這裡是「全台灣廢墟密度最高的地區」？舊城區大多都是私有地，自商業中心移轉與 1990 年代末數座大樓遭惡火毀壞，目前有大量的閒置空屋等待活化，重新整修除了價格高，更難的在於許多產權人早已移居國外，想租還不一定找得到人；或如當初買賣百貨公司櫃位的投資方法，導致一層樓就有上百位產權人，要進行都市更新，整棟大樓的人全都得簽章才能夠整合改建，幾乎等於無解。

如何重建一座街區？

為了復甦舊城，許多民間團體應運而生，2012 年的由蘇睿弼發起成立的「中區再生基地」（2018 年轉型為中城再生文化協會）是最早成立的組織。

中區再生基地以一棟廢棄銀行的 2 樓空間為據點，出版《大墩報》記錄舊城建築、飲食、手工藝職人故事，帶領民眾發掘街區的歷史內涵；並透過講座、工作坊等形式，匯聚市民參與舊城的大小議題，進而催生寫作中區、好伴社計、台中文史復興組合等舊城文化團體誕生；也鎖定產權較單純的中小型空屋，為有想法的業主做媒合協助，目前已有十多間閒置空間活化改造案例。

真正引起大眾廣泛迴響的，是 2019 年開始中城再生文化協會主辦的「鈴蘭通散步納涼會」。「鈴蘭通」是指台中第一條點上「鈴蘭街燈」（註2）的商店街「新盛橋通」（今中山路），「納涼會」則是一種

日治時期與戰後台中街區的綜合性夏季活動，目的在為促進商業熱絡。協會以兩者為靈感，封街中山路兩天，串連近百家攤位，結合市集、啤酒節與變裝遊行，吸引上萬人湧入，讓舊城頓時又成為台中最受矚目的街區。

2023 年「鈴蘭通」邁入第五屆，創造觀光人流之外，它有著更大的憧憬——喚回街區的人本主義思維。當步行的尺度被放大，小店及閒置空屋才有活化的機會，形成生生不息的正向循環。

民間企業也試圖翻轉舊城區的想像。2012 年起，日出集團接連打造「宮原眼科」、「四信用合作社」與「櫟社」，以保留歷史建築紋理為前提，融合餐飲經營，成為全台著名的觀光景點。市府也加緊腳步將柳川、綠川整治成水岸廊道，改建舊鐵道為空中步道「綠空鐵道」，並開放有意活化中小型空屋的業者申請整修補助。

如今路上的步行者逐漸增加，巷弄有小店萌芽，2020 年後有更多團隊願意為大型歷史建築做再生——重新啟用的「中央書局」，活化清治時代考場的「臺灣府儒考棚 x 中島 GLAb」，前身為日治時代診所的「1035 Collab」等，均樹立了文化資產再利用的標竿，創造新時代的舊城面貌。

傳統即創新

這座城市一直勇於嘗試新事物，從日治時期全台第一個頒布的都市計畫，到文化啟蒙運動的中心，或發明太陽餅、珍珠奶茶與稀奇的買賣櫃位投資，人們似乎也將自由創新沉澱為某種城市傳統精神。時至今日，「為舊事物注入新思維」是復甦舊城的大門，而下一代的年輕人正在接手這座街區。

已屆百年的陳彫刻處，在時代變遷下原預備停業，10 年前次子陳希彥回家幫忙，策劃了一系列手刻課程、換工活動，展開與當代設計界的合作契機，延續老店生命，讓更多人看見台中的文化底蘊。太陽堂老店交棒給第三代家族成員後，便奠基於七十多年的傳統製餅技術，開發更符合現代人飲食習慣的新產品，成為極少數跨出其他城市拓點的太陽餅店，讓太陽餅不只是台中，也是足以代表台灣的名產。

而台北長大、東京生活 12 年的蘇睿弼，起初是為了做都市研究才深入認識舊城的生命力。對他來說，此處歷經清領、日治、民國與美援，不斷有驚奇可以挖掘，且僅靠步行就能滿足各種生活所需。隨著中城再生文化協會搬遷至中山路的新據點，他也將戶籍從西屯區遷下，成為舊城的新居民。

離鄉幾年後，我仍常想起舊城的街巷。想起兒時母親牽著我搜尋她小時候記得的豆花店，高中困窘地站在散不去霉味的戲院前等同學抽完手裡的菸，或現在，我總想帶著其他人到這裡喝咖啡。正因為它歷經繁盛、凋零又抽長出新生命，交疊成難以說清的粗糙質地，才藏納得住故事與記憶，使人們一再背向那些光線明燦的地方，朝這座城區奔去。

陳彫刻處

擁有近百年歷史的木雕店，隨著時代變遷，產品從過去的日式神龕、欄間、匾額、糕餅模，發展至現代的食器餐具，並開設手作工作坊、創立以年輕人族群為目標的「COMMA」木雕品牌，積極傳承技藝文化。

● 台中市中區仁愛街 8-7 號

01

台中舊城區　散步指南

Go With The Local

TEXT & EDITED by 編輯

02

台中舊酒廠 / 文化部文化資產園區

鄰近台中火車站，前身為 1914 年創立的民營酒廠「赤司製酒場」，目前則是全台五大文創園區中，唯一公辦公營的文化資產園區。穿梭在舊酒廠建築中，欣賞音樂、設計、視覺藝術等策展，為台中重要的藝文據點。

● 台中市南區復興路三段 362 號

03

臺灣府儒考棚 X 中島 GLAb

本為清領時期考生參加科舉鄉試之考棚，是台灣目前僅存的考棚建物。2021 年由民間策展團隊進駐，將其活化為複合展覽、咖啡、講座等多功能的藝文美學空間。

● 台中市西區府後街 38-8 號

(04)

太陽堂老店

太陽餅為一種甜餡薄餅，內餡為麥芽糖，據說改良自傳統台式椪餅，已成為代表台中的特色小吃。太陽堂老店創立於 1954 年，如今已傳承三代，手工揉製上百層餅皮，美味又扎實。

● 台中市中區自由路二段 25 號

(05)

綠川水岸廊道

原名新盛川，貫穿舊城區，因河岸景色碧綠悠美，因而又名綠川，為日治時期「小京都」計畫的重點河川之一。於 2015 年開始整治，結合水岸景觀導入公共藝術，成為台中市區可親水的休憩場域。

● 台中市中區綠川西街 135 號

作者推薦私房景點

TEXT by 郭振宇

① 上海未名酸梅湯麵點

打從娘胎我就在吃這裡的排骨麵了。老闆娘嗓門大還會罵客人，但客人通常也只是擺出一張「嘻嘻被罵了」的臉。

● 台中市中區市府路 69 號

② 中非咖啡

偶爾會很想喝那種賽風壺煮且加上鮮奶油的台灣傳統調味咖啡。裝潢老派典雅是我經常選擇中非的原因之一。

● 台中市西區四維街 46 號

③ 中央書局

大學畢業後不久這間象徵台中曾為「文化城」的書局重新啟用，我曾認真考慮要來這邊工作，但最後還是離鄉了。

● 台中市中區台灣大道一段 235 號

PROFILE　　行政區 ○ 台中市 ──→ 人口 ○ **74,641** 人 **(2024/3)** ──→ 面積 ○ **58.5192** 平方公里

信仰而生的 海線小鎮 Tai-Kah

大甲

大甲的存在感偶爾會以日常的姿態出現，城市騎乘的共享單車，日常吃的感冒藥，甜品中挖到的一口芋圓，以及電視上的盛大宗教活動，可能都是來自於大甲。

我是在成年後離開大甲，才發現這些小鎮日常原來是一種特色。在家能夠吃到鬆軟香甜的芋頭湯，往往在外地以邊角料變形為芋泥和芋圓等再製品；而童年時習以為常的廟宇陣頭鑼鼓聲，在台北竟成為一種稀有的存在。

KEYWORDS

①芋頭 ②媽祖
③捷安特
奶油酥餅④

因港口而生的貿易樞紐

若在冬天抵達大甲，踏出火車站的那一刻，有時會被轟然打在臉上的海風嚇到。小鎮鄰近海邊，並非時時都能看到海，卻可以在冬天感受到東北季風環伺在四周。天氣乾燥，每年年末東北隅的鐵砧山上，若有民眾在公墓區燒金紙，強風吹拂，火星四散，一不小心就釀成火災，附近居民說，幾乎年年都會吹出一片火燒山。

2022 年是海線鐵路通車百年，相對於靠近內陸的山線，沿海的路線晚了幾年才興建。1919 年，台灣的農工產品隨著世界經濟發展而大量出口，貨物南來北往，卻遇上山線鐵路無法負擔運量，日本政府決定在沿海地帶另闢路線。若自北部南下，從竹南站為起點，一分為山海二路，直到彰化站結束。海線班次少，外地友人來訪多選擇搭乘火車，總會提醒大家別錯搭到山線班次。

海線因部分路段為單軌，班次不多，若搭乘高鐵，尚需要在抵達台中之後轉乘 40 分鐘的區間車才能抵達。大甲如今看似交通不便，但在百年前，其地理位置卻讓此地成為重要的出入口集散地。

從鐵砧山眺望大甲市區與海岸線。遠方的風力發電機組為台中港風力發電站。

陳湘瑾 1996 生，讀過大甲國小、大甲國中、大甲高中。畢業於台灣大學新聞研究所，現於媒體工作，每年都很期待大甲媽祖遶境進香。

位處大甲溪與大安溪下游，大甲是一處因堆積作用而形成的沖積扇平原。1731 年大安溪開港，為當時中部重要的港口，後來雖因為港口淤積而落沒，卻與鄰近的松柏港逐漸轉型為衝浪和吃海鮮的好所在。「拍謝少年」的第一張專輯《海口味》，名稱便是來自於大安港附近的一間海鮮熱炒店。出身大甲的拍謝少年貝斯手薑薑特地分享，一定要去嘗嘗看口感細緻的「炸沙腸仔」（沙鯪），是別處沒有的滋味。

隨著大安港開港，大甲逐漸成為附近的經濟中心，當地人士以鎮瀾宮為中心興建大甲城。直到 1905 年之後，才在日本政府推行的市區改正計畫下被陸續拆除。

早年聞名全台的「大甲帽蓆」，其實有一部分是來源於位處大甲北邊的苗栗苑裡，後者盛產藺草，生產者手藝精良，但對外交通不便，因此商行會將貨物送到設置於大甲的「帽蓆檢查所」，再轉銷各地。而後交通網絡逐漸連結暢通，大甲為貿易樞紐的身分才變得比較淡薄。

富饒的生產之地

1975 年，經濟部擇定位於台中港腹地的大甲，設立台中幼獅工業區，帶動工業的快速發展，後以機械製造、金屬製品和塑膠製品為大宗。

「布魯本咖啡」老闆陳高鋒回憶，2000 年前後，還是國中生的他，看著在塑膠工廠工作的爸媽，一大早就會到榕樹下的早餐店，吃一碗能快速獲得體力的炕肉飯，風風火火地進入工廠打拚。「慢火甜品生活教育工作室」的負責人陳怡珊也提到，爸爸早年是做行李箱貿易，大甲一帶的行李箱和皮件代工生意火熱，

一台台卡車會直接停在他們家位於市區大馬路的貨倉門口，從 2 樓一路運出去。

1980 年代後期開始，許多勞力密集產業為節省成本，外移至東南亞及中國。許多代工廠在這波浪潮中西進，留在此地的品牌也紛紛轉型。

1972 年巨大機械（捷安特腳踏車）於大甲創業，50 年來以此為中心向外擴散，周邊陸續成立組車廠和零配件製造商，成為著名的腳踏車產業聚落，招徠許多年輕人到此工作生活。帆布袋品牌「一帆帆布」，創辦人巫敏進最早就是從事帆布包代工，後來在孩子的協助下轉型為自創品牌。

工商業之外，吹得狂野的東北季風，以及兩條溪水接壤帶來的黑砂土壤，成為栽種檳榔心芋頭最好的環境。每當寒風讓大地迅速降溫，芋頭在冰冷土地中慢慢熟成，使其肉質細膩、粉質高，肉色顯白，纖維紋路又細又淡，熬煮成芋頭湯，能吃到獨特的綿密口感。

大甲芋頭的興盛，除了先天地理環境的優勢，也有賴政策推波助瀾。1984 年，全台水稻供給過剩，政府鼓勵農民轉作其他作物。在獎勵措施下，一時之間，大甲地區出現上百頃的芋頭田，農會隨之推動一系列產業文化活動，試圖建立大甲芋頭的品牌形象，諸如評鑑活動、料理競賽、農特產品開發。

隨著大眾漸漸將大甲和芋頭畫上等號，大甲芋頭在小鎮的重要性也隨之提升。根據大甲區公所發布的「2021 年統計年報」，芋頭收穫面積占小鎮蔬菜生產量的 6 成。隨著芋圓和芋泥等加工品成為手搖飲料店的新寵兒，在芋頭飲品上掛上大甲二字，幾乎已成為一種標準寫法。

上／陳高鋒返鄉將老家整理成為布魯本咖啡。 中／大甲亦為全台芋頭主要產地，街上處處可以看見販售芋頭及相關製品的攤販。 下／大甲第一公有零售市場緊臨鎮瀾宮旁，本地客、觀光客眾多。

我的媽祖在大甲

然而比起上述產業，鎮瀾宮的大甲媽祖才是許多人第一時間會想到的大甲特色。圍繞於此地的討論難以詳述：角頭執掌經營，遶境活動成為全島盛大的觀光活動，2022 年更有台中地檢署獲報追查，指出由信徒捐贈金條所打造的金身媽祖，其實內裡為青銅製，加上外表鍍金。

在這些話題變得火熱之前，鎮瀾宮更重要的身分，是地方的信仰中心。

1730 年，福建移民林永興從湄洲祖廟天后宮請得神像，來台定居大甲，並在 1732 年興建小祠。小祠聖蹟靈驗，多年來香火鼎盛，而後由信徒捐地建廟，正式命名為鎮瀾宮，其「鎮住海浪」之意，庇佑著靠海為生的當地居民能夠無事返家。

<u>「野人小築咖啡」的老闆蔡怡君說，從小自己就會跟著阿嬤到鎮瀾宮參拜，生病開刀等大小事，都會一一稟報媽祖，擲筊詢問。</u>薑薑也提到，即使在其他地方遇到媽祖廟宇，他也不會參拜，他說：「因為那不是我的媽祖，我的媽祖在大甲。」

1970 年代，這座地方廟宇開始歷經轉變。鎮瀾宮董監事團體以現代企業化方式推展廟務，包括邀請專家學者介紹大甲媽祖靈驗事蹟，並在兩岸正式交流前，成為第一個公開迎回湄洲神像的媽祖廟。1974 年，攝影師張照堂和作家黃春明製作的紀錄片《大甲媽祖回娘家》，更為當年的媽祖遶境留下珍貴的影像紀錄。

鎮瀾宮為當地重要信仰，每年的「大甲媽祖遶境進香活動」更被譽為世界三大宗教慶典盛事之一。

自 1999 年起，在台中縣政府的支持下，大甲媽祖遶境進香從原本單純的宗教活動，被進一步包裝為「大甲媽祖文化節」，延伸舉辦腳踏車活動、街舞比賽和繪畫比賽等，藉此號召更多人參與，活動每年擴大辦理，逐漸成為今日所見的盛大場面。

從小爸媽會在起駕那天載著我和姊姊到臨鎮的清水紫雲巖，深夜時分點心站正熱鬧，吃完點心後我們便會返家。一直未曾想過要和媽祖走全程，直到 2018 年，因為準備研究所時曾認認真真地向媽祖禱告，順利考上之後便以還願的心情加入遶境隊伍。

董董告訴我，許多人都像我一樣，為了還願而上路。他是在 2010 年開始走大甲媽祖遶境，當時身邊幾乎沒有像他一樣的年輕人，也因而獲得一點點被路途中的長輩特別照顧的經驗，他說：「人性當然有黑暗面，但遶境是很神奇的體驗，生命中有那十天與旁邊的人沒有利害關係。這是為什麼我每次有機會都會去走。」

這些都是個人經驗對大甲媽祖的獨特情感，但是當小鎮宗教擴大為全國盛事，一舉一動受到各地矚目，對當地居民來說，無疑帶來矛盾的感受。從小到大熟悉的廟宇、感到親近的媽祖，卻出現慶典化的遶境活動，許多當地居民看在眼裡，心中始終沒有答案。

經營日常的青年創業者

在無人造訪的平日，以及媽祖遶境之外的觀光淡季，鞭炮聲、鑼鼓聲和鼎沸的人聲會暫時淡出小鎮。地方創生的腳步離這裡還有段距離，但在外工作的青年，依照自己的生命經歷，選擇回到小鎮開展事業，看似以相似的模式在地方經營，實際上卻是身處不同崗位，成為小鎮運作的一員。

陳高鋒會回到大甲經營布魯本咖啡純屬偶然。2014 年他從大學畢業回到大甲，為了等待前往澳洲打工的簽證暫留在家鄉，等待期間他將老家整修為咖啡工作室，意外成為當地青年駐足的據點，便一路守在這間巷弄中的咖啡廳吧台，他說：「這家店比較像是老闆，是它吸引人們來到這裡。」

遠離鬧區的野人小築咖啡則有不同經營策略。蔡怡君在 2018 年將自家透天厝改建為咖啡廳，座落於前往鐵砧山的小路上，是遊客較少造訪的地區。喜愛藝文活動的蔡怡君有感於文化資源難以進入小鎮，決定做些改變，她說：「應該要有一點資源到這邊，而不是大家一直跑大都市。」這裡既是咖啡廳，也是地方藝文空間，用以舉辦音樂表演和演

上 / 慢火田品生活教育工作室經營者陳怡珊致力舉辦活動，讓更多人深入認識大甲地方紋理。　下 / 大甲車站前的〈慈孝勤儉〉銅像，慈母手拿藺草織物，為大甲出身的雕塑師郭清治作品。

講活動，也和清水音樂節「浮現祭」合辦活動。2022 年 4 月，咖啡廳夥伴陳虹吟將 2 樓空間整修為獨立書店「野人讀冊店」，希望提供在地更多元的閱讀選擇。

「老家生活」的經營者陳怡珊，在 2019 年將家裡做生意的倉庫改建為咖啡廳，結合自身藝術教育的背景，舉辦展覽、與附近高中合作課程，也帶大家走進社區，觀察火車站前的銅像、古早味雜貨店擺放整齊的貨架和巡禮市場中的老攤位。老家生活在 2022 年中歇業，轉型為慢火田品生活教育工作室。陳怡珊仍在嘗試以各種方式連結地方，包括尋訪附近農家，製作節氣便當，或是以料理和創作體驗陪伴地方的中輟生。「其實咖啡廳只是包裝，我希望大家走進來，做終身學習。」陳怡珊說。

小鎮作為成長史

車站前擺放的慈母銅像，是一位手拿藺草織物的母親，身邊圍繞著兩個孩子，這座名為〈慈孝勤儉〉的作品，來自於出身大甲的雕塑大師郭清治。陳怡珊會邀請訪客以這座雕像為起點，在芋頭、腳踏車、奶油酥餅和鎮瀾宮以外，開始產生對大甲不同面向的好奇。

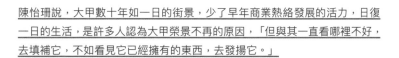
陳怡珊說，大甲數十年如一日的街景，少了早年商業熱絡發展的活力，日復一日的生活，是許多人認為大甲榮景不再的原因，「但與其一直看哪裡不好，去填補它，不如看見它已經擁有的東西，去發揚它。」

對我來說，這裡或許難以指出一條明確的玩樂路線，但是其中的生活感卻是我深深感受，並帶在身上的事物。在台北生活 10 年，我的生活步調仍然緩慢，喜歡到租屋處附近的土地公廟拜拜，晚餐後在附近巷弄散步，也愛逛菜市場買菜。我想是因為大甲作為我成長的一部分，而台北城市一角偶爾會突然響起的陣頭鑼鼓聲，也總是讓我想起我的小鎮，想起童年時周末早晨的熱鬧。

大甲　散步指南

Go With The Local

TEXT & EDITED by 編輯

01

鐵砧山風景特定區

位於大甲東北方的鐵砧山，山上地勢平坦，可居高一覽大甲市容及周遭風景，是居民日常的休閒去處。

• 台中市大甲區成功路 221 號

作者推薦私房景點

TEXT by 陳湘瑾

❶ 甜衷秧

隱身在鄉間小路的甜點店，初次拜訪可能一時會找不到路，可以打給店家，對方會帶你走上正確的道路。同時為大甲苑裡一帶的咖啡廳提供千層蛋糕以供販售。

• 台中市大甲區文曲路 506 巷 2-7 號

❷ 鐵砧山三角點

鐵砧山是大眾景點，要找到這座小百岳的三角點卻不太容易，常有登山客一臉茫然在路上徘徊，若幸運遇到熱心地方居民，就有機會找到這個神祕的地方。

• 日光牧場的某個角落

❸ 志昇食品行

為了寫這個欄目我特地搜尋確認店名，因為我們家會說要去「餅乾姊姊」那買零食。產品種類多元實惠，店內招牌商品花生粩，是我心中的完美配方。

• 台中市大甲區鎮瀾街 238 號

野人咖啡／野人讀冊店

讀冊店位於野人咖啡 2 樓，為甲安埔地區第一間獨立
書店，經常舉辦展覽、新書發表會、讀書會、小型演
唱會等各式活動，成為當地新興的藝文據點。

● 台中市大甲區大智街 10 號

鎮瀾宮

鎮瀾宮興建於 1732 年，相傳為福建
移民林永興自湄州媽祖廟求取媽祖
神像，並在大甲落腳居住。大甲媽
祖每年的遶境進香，從鎮上祭典，
到近年來一躍成為「3 月瘋媽祖」吸
引上百萬人參與的世界三大宗教慶
典盛事之一。

● 台中市大甲區順天路 158 號

布魯本咖啡

陳高鋒本身為專業咖啡師，回鄉將
老家改造為咖啡館，不僅販售自家
烘豆，也有精品咖啡，「啤酒咖啡」
是其獨家招牌。

● 台中市大甲區民生路 53 巷 15 號

西螺

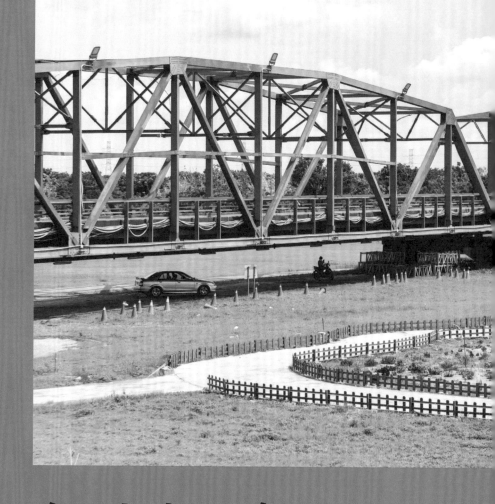

紅色大橋邊
隱隱脈動的

百年小鎮

Sai-Lê

TEXT by 温伯學
PHOTOGRAPHY by PJ Wang

延平老街上座落許多具有特色風韻的老屋建築。

有時,你會希望裝載著童年記憶的那個小鎮永遠不要改變,使久久返鄉一回的人不至情怯。

自懂事之後,西螺就不曾有過太大的變化,它沒有農村的純樸,也不似大城市那樣世故,反而在兩者之間,生長出獨特的脾性,這裡的人們善良、勤力,同時散發著某種驕傲與認同,來自曾經的繁華歲月。

從小就常聽年輕時在延平老街開設布莊的外公感嘆西螺的沒落,後來我才慢慢理解,他口中的鎏金時光並未真正消逝,而是沉澱作地方豐富文化底蘊,等待我們挖掘;西螺的熱鬧也不曾停歇,只是轉移了陣地,改由果菜市場延續小鎮強大而穩健的脈動。

①西螺大橋 ②嘉南米倉
醬油王國③ 伏流祭④
⑤西螺果菜市場

交通樞紐匯聚出的歷史縱深

西螺位於雲林縣的北端，隔著濁水溪與彰化相望，自古便是南來北往的樞紐，加上水路之便，沿岸漁獲與內陸物產皆在此交易，使西螺成為商業活動頻繁的中心市鎮。也因依傍著濁水溪，狹帶大量泥沙的溪水灌溉出了肥沃「黑土」，為此地的農業發展打下扎實根基。

因商業、農業的繁盛，西螺自清代開始逐漸由村落演變為街市，民間聯防組織「西螺七崁」便活躍於這段開墾年代。日治時期，學校、郵便所、派出所、信用組合的建立，讓地方進一步取得經濟與政治上的優勢；1934 年「市街改正」的都市計畫，將本通（今延平老街）拓寬，兩旁鋪上紅磚人行道，並完成排水、消防和電氣化等建設，至此今日所見的延平老街、東市場一區大致成形，西螺也晉升為以商店街為主體的現代化鄉村城鎮。

城鎮的現代化，不只落實在實體的建設上，還顯現在文化層面，富裕且新穎的生活樣態，培育出一批受過良好教育、思想前衛的士紳階層。出自地方望族的廖文奎於 1931 年獲美國芝加哥大學哲學博士學位，奠定「台灣民族主義」的理論基礎，是台灣政治哲學領域的先行者，其弟廖文毅更於 1956 年在日本東京成立「台灣共和國臨時政府」。

與廖家兄弟同輩的還有西螺大橋的推手李應鏜。1941 年，日本政府在多方請願下，完成橫跨濁水溪的 32 座橋墩，但因太平洋戰爭爆發而停工；戰後，以李應鏜為首的地方士紳，持續向國民政府陳情，

溫伯學 1998 年生，淡江大學中國文學系畢，曾任《VERSE》編輯。學齡前由西螺的外公、外婆養大，帶我每日晨泳、吃鹹口的早餐、講略帶海口腔的台語，長成有鄉下可以回的幸福小孩。

希望能完成貫串島嶼南北交通建設，終於在 1951 年，李應鎧同時說服台美雙方，以個人名義收下美國國務院 130 萬美元的款項，再轉交予國民政府續建。

1953 年 1 月 28 日，總長 1939 公尺的遠東第一大橋——西螺大橋正式通車，「中美合作」的旗幟在風中飄蕩，當時仍未被換上朱紅外衣的藍綠色大橋彷彿為這座城鎮開啟了新的紀元。一直到今天，它都是西螺最重要的象徵與驕傲。

生活是乾麵和綜合湯

70 年過去，大紅新漆取代了鋼鐵本色，中沙大橋與溪州大橋的接連完工，讓西螺大橋從車行要道轉型為觀光景點；伴隨工商業崛起，以農為本的小鎮接連面臨產業轉型與人口外移的難題，繁華一時的延平老街霎時靜了下來。

若要走入現在西螺人的日常生活，則必須離開老街，轉進建興路，這條雙向的單線道既是晨間人潮水洩不通的早市，也是晚間攤販聚集的夜市。如今，西螺的人口仍從事農業相關勞力工作為主，因此習慣以能迅速提供熱量與飽足感的鹹食開啟一天，舉凡碗粿、燒餅、粿仔條、餛飩意麵都是早餐的熱門選項，小吃店的營業時間多配合顧客作息，從清晨營業至午後 1 點左右。

建興路上、市場的尾端有 8 家並肩排開的小吃店，人們都戲稱作「八國聯軍」，是美食的一級戰區。其中開業超過 70 年的豆菜麵是經典的在地口味，用蒸籠炊熟的黃油麵不帶多餘的水分，能夠緊緊扒住油膏和蒜水等調料，即使是外帶，隔一段時間再吃依舊能嘗到 Q 彈口感，配上一碗有筍子、板豆腐和炸豬皮的綜合湯，絕對能備足體力，應付一整天的工作。

西螺的豆菜麵為黃油麵體，不過水改以蒸籠炊熟，是保持 Q 彈的關鍵，澆上醬油、蒜水等調料，即是數十年不變的好滋味。

西螺果菜市場為全台最大的蔬果交易市場，每日吞吐 1000 公噸以上貨物，來往的車潮川流不息。

全台最大的蔬果交易市場

熱鬧的早市一結束，日正當中，整個小鎮在便開始閒散起來，好似所有人都為了躲避烈日回籠午休，直到傍晚才又見人潮上街。這樣緩慢、單純的生活節奏，是西螺生活的基調，僅有一處例外。

俗稱「大菜市」的西螺果菜市場，市區騎車只要 5 分鐘路程，卻像是走入平行時空。看不到盡頭的鐵皮建築，似乎有一道隱形的結界，形成和鎮上截然不同的氛圍：沒有一般傳統市場的熱情招呼，拼裝拖板柴油車、小貨卡在攤販間快速移動，人們行色匆匆，迅速進行手邊的工作。

大菜市裡多數攤商只承接一定數量以上的訂單，不接受散客秤斤論兩購買，並且專

注販售單一品項，經濟規模較小的食材一概不賣。時節正值 6 月中旬，蒲瓜大出，一顆顆與高麗菜、彩椒成箱堆放，較不怕碰撞的洋蔥、地瓜，直接疊至兩層樓高。當令有哪些盛產的蔬果，只要在大市場裡走上一圈，便一目瞭然。

在台北的超市裡，不難見到蔬果包裝上的產銷履歷，標示著「西螺」二字。占地 6 公頃的西螺果菜市場，是全台最大的產地蔬果交易市場，交易量占全台三分之一，每日吞吐 1000 公噸以上的貨物。這裡承襲了昔日西螺農特產品集散地的定位與交通樞紐的優勢，大量提供在地人工作機會，是小鎮的經濟命脈，它的蒸騰鼎沸，在在證明了西螺不可取代的生命力。

走在延平老街上，如同進行一趟1930年代古洋樓建築之旅，尤其是每戶女兒牆設計皆不同，盡顯過往的美學品味。

延平老街不聲張的美

城鎮型態隨著時代改變，老街與東市場一帶的人潮散去、商家接連遷離，往日風華和刻印在磚瓦間的故事，都與空蕩的房屋一同荒頹下去。

不願見自己的老家持續衰老，1994年，剛剛返鄉的何美慧，即與理念相同的幾位好友共同創辦「螺陽文教基金會」，致力保存、活化西螺的文化資產。「坐在東市場的娘家，看著對街沒有新建的房子，只有被關起來的房子。」28年來，何美慧協同基金會陸續發起保護西螺大橋免於被拆除的「保橋運動」、「西螺大橋文化節」和「西螺老街區活化計畫」，將對家鄉的情感化作行動，讓原本灰暗的舊城區重新活絡起來。

相較其它招攬大批遊客的觀光老街，在基金會的維護經營之下，延平老街故自散發著不聲張的美——仿巴洛克式建築立面、雜揉貝殼碎片的洗石子外牆和鏤空雕字的精美陽台——完整保存近百年前的風貌。聽著在老街上鎮守百年藥局的老闆程士晉說起老街的過往，從台灣最早的百貨公司「廣和商行」到摩登的「西螺戲院」，你幾乎能看見繁華的景象在眼前閃現。

2002年，螺陽文教基金會落腳在老街上的「捷發茶行」、設立「西螺延平老街文化館」，董事長何美慧希望以此為基地，挖掘地方的歷史和文化；多年來累積文字出版、舉辦活動和展覽，並透過培訓導覽人員，找到許多像程士晉一樣熱愛家鄉的人。他們一同將生活氣息帶回街廓，也讓陌生的旅客藉此認識西螺的歷史脈絡。

延平老街除了可欣賞仿巴洛克式建築立面之外，也隨處可見在地生活風情。

歷久彌新的醬油香

來到西螺，除了走訪大橋和老街，不能不帶上一罐以古法釀製的黑豆醬油。

西螺醬油已飄香超過一世紀，起初以家庭私釀的形式在街坊間流通，到了日治時期即發展出具規模的釀醬產業，「丸莊」、「大同」與「陳源和」都是成立超過百年的老字號。大橋開通後，醬油更成為過站西螺必須購買的特產，全盛時期有多達數十家業者競爭。適中的水土和充足的日照，讓西螺醬油得以維持良好的品質，各家醬廠釀製的風味雖然不同，但皆遵循傳統流程製作，經過蒸煮、種麴、入缸、曝曬、發酵等步驟，以時間換取獨特的香氣與口感。

「我是黑豆養大的孩子。」60 年老醬廠「御鼎興醬油」的第三代製醬人謝宜澂敘說著與醬油深刻的情感。2014 年前後，謝宜澂與弟弟謝宜哲陸續返鄉，逐步接手家業，他們選擇延續柴燒工法，保留純手工製程，同時著手重塑品牌形象：嘗試更換包裝、到各大市集擺攤販售，並成立「飛雀餐桌行動」——以全醬油的蔬食料理，推廣在地物產與醬油文化，積極與消費者溝通經營理念。小而美的營運模式，加上真材實料的醬油，使御鼎興走出一條不同於傳統醬業的道路。

走過百年光陰，經歷與量產合成醬油的競爭，挺過市場考驗的西螺醬油不只傳承了在地的味覺記憶，更深深影響台灣人對醬油的印象。

西螺是台式醬油的故鄉，採古法釀製，全盛時期鎮上多達數十家醬油品牌。

百年小鎮的改變

西螺的人口仍在逐年減少，但新的透天厝卻一棟接一棟地蓋起來，小鎮悠閒的生活步調，吸引斗六、麥寮等工商業地區的工作者到此置產，新的人口流動為西螺帶來發展機會。

2017 年，謝宜澂與弟弟正式接掌家業，也在工作之餘投入地方創生，為傳統產業與小鎮灌注新的活力。談及返鄉的心境，謝宜澂坦然地說：「剛開始回來，心裡的確有過排斥，但那種距離不是這個地方給你的，而是自己給自己的。」經歷長時間的磨合，慢慢找出與故鄉相處的方式，也深刻反思地方創生的目的和意義，「我所嚮往的書店、咖啡廳真的是西螺人需要的嗎？還是只是我需要的呢？」關於如何讓一個地方變得「更好」，他持續在行動中尋找答案。

御鼎興醬油第三代接班人謝宜澂返鄉後接掌家業，並策畫飛雀餐桌、伏流祭等活動，連結在地生活樣貌。

除了深耕西螺，兄弟兩人進一步與整個雲林的在地青年串連，創辦《雲林食通信》，希望透過挖掘地方的生活樣態與故事，讓更多人理解農業大縣的豐饒。近兩年，他們陸續與地方團隊「雲林 100 種生活」舉辦「伏流祭」，經由餐桌行動、音樂會、市集和導覽講座，提升在地生活的美感，讓鄉親看見農業與文化藝術並行的力量。

雲林的精彩，具體而微地展現在西螺這座小鎮。有樸實的日常，還蘊藏豐富的歷史和生命力，如同那沉進甕底，越久越香醇的醬油，變化是隱隱然地，卻有著嘗不盡的滋味。

西螺大橋

西螺大橋受美國援助所建。1952 年完工時，西螺大橋是僅次於美國舊金山金門大橋的世界第二大橋，也是當時全台灣最長的橋梁。

• 雲林縣西螺鎮

01

西螺　散步指南

TEXT & EDITED by 編輯

Go With The Local

02

西螺老牌魷魚羹豆菜麵

不同於台南的豆菜麵以大水滾開後撈起，淋上澆頭及豆芽菜，西螺的豆菜麵則是將豆芽菜與油麵一起蒸煮，不帶多餘水分，保留 Q 彈口感。

• 雲林縣西螺鎮建興路 221 號

03

廣合商行

廣合商行為 1930 年代西螺販售雜貨、布匹的商鋪，並代理哈雷機車等洋貨，2 樓女兒牆以水泥造型拼寫「RINKOGOSHAUKO」（林廣合商行）字母，令人遙想過去的風華歲月，如今重生成為販售五穀雜糧、農產加工品、飲品的店鋪。

• 雲林縣西螺鎮延平路 70 號

④

西螺東市場

為西螺最早的傳統市集，歷史最早可追溯至清朝時期，1950 年使用西螺大橋剩餘建築材料築蓋成現今的市場建築，後因商圈轉移而沒落，一度面臨拆除危機，經民間團體發起保存運動留下來，於 2011 年活化改建成為文創市集，如今內部有許多文創小店可走逛。

● 雲林縣西螺鎮延平路 47 號

⑤

西螺三角大水餃

50 年的老店，號名水餃，但裡頭包有肉末、筍乾，皮嫩薄 Q，猶如水晶餃及肉圓的口感，是在地超人氣的小吃店。

● 雲林縣西螺鎮觀音街 12 號

❶ 振文書院

按外公習慣的路線，駕車進到西螺行經的第一處就是這座三級古蹟。每逢大考必定要回到這裡，吸取書院精華、祈求文昌帝君庇佑。

● 雲林縣西螺鎮興農西路 6 號

❷ 西螺天送小吃店

在外地生活，想念家鄉味時大多都能找得到應急的替代品，只有這碗以豆皮為主體的紅燒豆枝羹是西螺獨有，無可取代的味道。

● 雲林縣西螺鎮光復西路 137 號

❸ 西螺福興宮

供奉著「太平媽」的福興宮是西螺人的信仰中心，也是大甲媽祖遶境指定駐駕的地點。從廟旁的小徑往後鑽，是我最愛發呆的公園。

● 雲林縣西螺鎮延平路 180 號

Lȯk-Káng

鹿港

PROFILE　　行政區 ○ 彰化縣 ──→ 人口 ○ **84,372** 人 （2024/3） ──→ 面積 ○ **39.4625** 平方公里

在老街中
尋覓

我們的
歷史與生活

TEXT & PHOTOGRAPHY by 施清元

15 歲的秀玉，從淺眠的夜裡醒來。

她跟幾位朋友，擠在鐵支路邊一座成衣廠房的 2 樓，透過通氣窗隱約看見了月光。
即使晚上加班時，已經吃過龍山寺口的肉羹，但正處生長期的她，還是餓醒，然
後想著戲院旁巷裡那炭香濃郁的胡椒餅。

秀玉，是我的母親，然而，龍山寺卻不是我自小最愛在其廟埕奔跑的彰化鹿港龍山寺，而是萬華的那座。當時她跟隨著同縣芳苑人洪蔡閃與兒子的腳步（後創立洪勝美服裝行，為萬華大理商圈最早期店家）來到萬華。母親、舅舅、還有許多親戚都在國小畢業後，離開彼時沒有太多工作機會的鹿港，到萬華掙錢養家。

1960 年代，鹿港這座濱海小鎮，糖廠小火車已經瀕臨撤廢，而「一府二鹿三艋舺」的俗語，也早就不是對於現況的描述。

**遙想海的氣味，
回望燦爛的年代**

鹿港不是沒有輝煌過。

1719 年，泉州人施世榜開鑿八堡圳，從二水引濁水溪至鹿港出海，台灣中部的開墾隨之起飛，豐作的稻浪在季節更迭間染黃了彰化平原。然而，當時能與中國對渡的官方口岸，只有連結廈門的台南鹿耳門，防守軍力薄弱且僅需九更航程的「鹿港仔－蚶江」航線（前者需十二更），成了偷渡客與走私商的首選。

那時候的鹿港人，不努力耕田也無妨，反正整個中部的稻穀都匯集於此，等著出貨去缺糧的福建沿岸換錢、換木材、換精緻的佛像工藝。

傳統三合院式的建築不適合此地，因為沒有曬穀的需求，而既能儲放、又便於上下貨及店頭販賣的縱長街屋，成了市街的主要構成元素，垂直港岸，像烏魚魚刺般密紮紮地排列，並成了今日街區的骨架。等到1784 年清廷正式詔準設口對渡時，鹿仔港早已「煙火數千家，帆檣麇集，牙儈居奇」，各商會經費豐潤，撐起一座座巍峨廟殿，並見證二鹿風華最燦爛的時代。

施清元　家族居住於鹿港，已超過百年。大學畢業後旅居日本，直到這兩三年，
為了照顧家人，又回到了鹿港生活。

站在市場邊上的潤澤宮前，遙想海的氣味，以及眾多勞工在此裝卸貨物的忙碌景象，如今雖然熱絡嘈雜依舊，但海岸線已經退到連鎮座天后宮的千里眼都快看不見的彼方。隆起型地盤，加上鄰近水流和緩易堆積泥沙的先天硬傷，在 18 世紀尾聲開始困擾著在地船家，翻開《鹿港鎮志·沿革篇》：「鹿仔港淤塞後，開了王功港，王功港淤塞，開了番仔港，番仔港淤塞……」

接連的工程，似乎窺見先民想維繫地方經濟命脈的奮力一搏，雖然最終無果，掉出通商口岸名單之外；而後縱貫鐵路沒有將鹿港納入規劃，則是另一個更沉重的打擊，讓轉型做木材加工業的鎮民只能與紅瓦片道，一同迎接夕陽餘暉的命運隱喻。

也許現在回首，會慶幸沒有過度的經濟開發，使鹿港得以保有迷人的巷弄寬度，可是身為居民的我們，卻曾引頸期盼連鎖速食店進駐，也曾不斷耳語聽說望族辜顯榮先生舊家（民俗文物館）前的空地要蓋大樓、蓋百貨，而冀望它能改變城鎮天際線。

鹿港鎮上處處可見到清代閩式紅磚建築。

大樓後來沒蓋成，鐵圍籬圈住的荒地雜草叢生，而我們一邊用噴墨印表機列印以鹿港為主題、洋洋灑灑的歷史、地理科報告，一邊踏上客運巴士，如在地歌手陳隨意《鹿港的花蕊》歌詞所寫：「鹿港的花蕊／請妳等我／我若有成功／會返來甲妳作伴」，試圖逃往通學月票範圍外的世界，相信在那裡，才會找到成功。

遊子返鄉，撿拾即將風化的歷史

到台北、日本繞了一圈後，再度回到鹿港居住，已經被黑糖珍奶、烤香腸等攤位夜市化的清代老街就別提了，徒增傷悲。白堊色的典雅公有市場建物外牆上，最近悄悄掛起了連鎖健身房

鹿港仍保有傳統手作蒸籠的技藝。

招牌，大面積的紅，映入貪食者的視野中，雖然想要寫信給客服抗議，卻馬上浮現了對方可能的回應：「你們自己，又有好好善待中山路的老街屋嗎？」

市區最主要幹道的中山路兩側，在 1934 年經過日本市區改正後，建起的一棟棟充滿洗鍊建築語彙的洋樓，原可以與騎樓內的人類活動，包括書畫、燈籠、錫藝、粧佛，還有一些蒸肉包的氤氳水氣，譜出一曲情感豐沛、技巧細膩的協奏，如今，手繪明信片的最佳題材，卻被一張張新款手機或房仲經紀人比讚的大型彩圖輸出給覆蓋，甚至，遭到拆除。

當然，鹿港人對於現況，並非麻痺到全無反應。雖然可能不是最早動工，但卻是最早在社群媒體上受關注的老屋新生案例，來自於作家李昂女士舊家所在的杉行街。專攻歷史的黃志宏大哥，在台中居住二十多年後想要返鄉，與研究人類學的太太，共同打造一個文化據點。老街苦尋無果，而在觀光客較少著眼的靜巷，發現一棟建於 1931 年的街屋，雖然屋頂、樓板已經塌陷，仍然一見鍾情，決定買下。

左、右／曾經商旅往來熱絡，貿易繁盛一時的鹿港沒落之後，意外保留下地方具生活氣息的歷史紋理。

「修復這些老屋，最重要的是內部格局，因為它能呈現當時人的生活樣式、產業，以及一段歷史。」即使可能有蚊蟲困擾，黃大哥也不願破壞原始樣貌去裝上固定式的紗窗（改採可拆卸式，睡覺時才安上），這個堅持是「書集喜室」整修過程核心價值的反映，它不只提供給人們一個歡喜喝茶聊書的集會場所、讓原屋主的家族記憶甦醒，也為書店接連關門的鹿港文化場景，暫時止了血。

小鎮的九降風在書店內迴遊，而柔和的日光從樓井降下，將黃大哥日漸斑白的髮鬢照得閃耀，幾年前平面媒體的採訪中，他曾說過，希望年輕人們一起串連，開出一條書街的夢想，「開書店太難了啦！期待之後會有能感受在地『生活』的複合式店家誕生。」

獨立書店的經營不易，不翻開帳冊也能感受，但凝聚了種種能遙想1930 年代—鹿港最後閃光—憑依的這個角落，他自然是會堅持守護下去，然後，等待少雨的這塊土地上，開出其他花蕊。黃大哥的作為給了不少人刺激，修繕團隊的形成、進駐，「十宜樓」與「意樓」的整修，甚至我們家的 80 年祖厝，也總算決定要徹底整理。那些來不及參與的歷史，希望能在瓦礫或朽柱被風化前，撿拾回來。

力野茶陶所的阿思與米特。

滿載歷史淵源，
不妥協的生活樣態

從書集出發，踏過舊米市，通往菜市場的金盛巷，以往油飯、蒸粿和手煎潤餅皮的鐵板輕炙香氣，是這裡最強烈的感官記憶。從前陣子開始，多了不少工程施作聲，以及男女老幼的歡笑聲，其中一個來源，是貓咪經常盤踞於其門楣的「力野茶陶所」，賣茶，賣陶，也賣店主阿思（陳思穎）與米特（黃芷儀）蒐集來的生活記憶跟體驗。

阿思返鄉時沒懷抱什麼大義，單純是燒陶需要電窯、需要空間，所以在台北學成後，決定再回久未長居的故里。原本以為從都市移到小鎮，生活會變得平淡，但「鎮上太多有趣的人了，反而每天都往外跑」，例如把自家門口與廟口，當作發表會場的平面設計師、具備紅點得獎資歷，並投身傳統木作的前工程師、或是不賣唱片的唱片行老闆，這些人也許沒有將自己推往全國舞台的野心，但對於生活該抱持的姿態，跟許多老鹿港人一樣，沒太多妥協。

遊走在「怪人」與有個性之間，同他們對話，就像是帶著一把小鏟子在採集各式軟硬土壤一樣，有機物也好，礦物也好，日漸在他的工作室積累，等待練土，捏胚，燒製，然後在窯內迸裂出不羈的釉彩。出身新竹的大學同學米特，以及同樣做陶、來自桃園的另外一位友人子涵，就被這樣特殊的磁場，給吸引了過來，成了關係人口。米特說，「做陶在很多地方都可以做，但鹿港的生活，跟街屋一樣，是特別的。」

大家怎麼異口同聲，關鍵字都是生活？大年初九拜天公的夜裡，我跟著「新聲閣」這個由在地青年所組成的北管團之嗩吶鑼鼓聲，爬上頂樓，進入鄰里人家的神明廳「鬧廳」，一戶長輩說：「已經 30 年沒有感受到這個傳統了，很開心。」聞言瞬間，與其說感覺自己鑽入了鹿港更深的土壤孔隙中，更像是一舉一動可能都有其歷史淵源的鹿港生活樣式，睽違多年後又長出淺根，爬進了我的心房，將我抓住。

坐在載送團員的發財車後斗，看著外地來的友人騎車在後欣喜追趕的模樣，突然有種熱淚盈眶的衝動，現在鹿港需要的，不是為寫企畫案而硬擠的創意，不是強用什麼主題框住的一條街，而是能夠身段自由如風，將散落在鹿港四處的一段段生活故事穿針引線起來的人。我，想成為那樣的人，而從長輩開始的、在外地找尋成功討生活的苦旅，也是時候，在我們這代畫下句點了吧。

鹿港　散步指南

01

中山路老街

中山路為鹿港主要幹道，原名五福大街，日治時期日人進行市區改正計畫，拆除原有「不見天」中式街屋，引進 R.C. 鋼筋混凝土建築技術，以裝飾藝術裝飾（Art Deco）風格打造新式街屋建築。圖為在地青年組成的北管團體「新聲閣」，在老街上進行活動。

● 彰化縣鹿港鎮中山路

02

龍山寺

為台灣規模最大、廟宇建築最完整的龍山寺，整座廟宇充滿清朝時期精緻的廟宇建築藝術。其中位於正門後方戲台上方的八卦藻井，跨距約 5 呎半，以 16 組斗拱、5 層相疊組成，全以木栓組成，未用一根鐵釘，為全台最大藻井。

● 彰化縣鹿港鎮金門巷 81 號

03

力野茶陶所

保留百年老屋結構，並結合陶器、茶館兩項特色，以台語「你的木頭」作為店名諧音，兩位主理人提供茶飲，甜點輕食餐飲，並搭配創作的陶器，讓茶與陶融入日常生活。

● 彰化縣鹿港鎮金盛巷 84 號

書集喜室

本為建立於 1931 年的老街屋，經營者在 2013 年買下後，花費一整年的時間修復，改造成為獨立書店，販售二手書及新書，並提供簡單的餐飲。

● 彰化縣鹿港鎮杉行街 20 號

興安宮

俗稱「興化媽祖宮」，為鹿港最早的媽祖廟，亦為鹿港三座「人群廟」之一（指中國原鄉移民至台灣時共同興建的廟宇，並兼具「同鄉會館」的功能），為鹿港的福建興化人祭祀的廟宇。

● 彰化縣鹿港鎮興化巷 64 號

作者推薦私房景點
TEXT by 施清元

❶ 阿文羊肉

菜單上有一道「麵線煎」，先將麵線煮軟，攤平於鍋底，麻油小火慢煎。是母親坐月子時的味道。

● 彰化縣鹿港鎮菜園路 64 號

❷ 清泉咖啡

位在天后宮旁，卻感受不到人潮的喧鬧。坐在木質的吧台，經常可以巧遇同樣返鄉的年輕人們。

● 彰化縣鹿港鎮宮後巷 45 號

❸ 菜兒費可唱片

不賣唱片，而是鎮上為數不多的展演空間。除了是創意靈感的培養皿，也是我討拍的避風港。

● 彰化縣鹿港鎮金盛巷 18 號

阿里山腳下 那個 發光的

緩慢之城

TEXT by 黃銘彰
PHOTOGRAPHY by PJ Wang、黃銘彰

Ka-Gī 嘉義市

PROFILE   行政區 ○ 嘉義市 ──→ 人口 ○ 263,290 人 (2024/3) ──→ 面積 ○ 60.0256 平方公里

東市場是嘉義市最古老的傳統市場，擁有許多老字號美食。

當人們談及嘉義，腦中浮現的第一印象——有時甚至是唯一印象——時常是令人垂涎的火雞肉飯。

作為一名土生土長的嘉義人，深知這座城市絕對不只如此。離鄉背井約莫十年後，回望從小生活的嘉義市，發覺這個尺度不大、適合漫步的小城，在新舊元素交疊之下，日漸發展出精緻而獨特的生活風景，有開闊的綠地、許多充滿設計感的巷弄小店，還有高密度的獨立書店分布。它尚未如毗鄰的台南為多數旅人所知，只是靜靜地散發著光，緩緩地伴隨時代長成適合生活的模樣。

阿里山腳下的歷史文化之都

年少時代，總以為自己居住的地方就是全世界。

大學上台北求學後，才發現世界和我想得全然不同。僅有六十餘平方公里的嘉義市，面積不及台北市的四分之一，光是士林區就比嘉義市要大，是台灣本島面積最小的縣市。

然而，儘管幅員不大，嘉義市有著較全台各大都市都還深遠的歷史，是台灣史上第一個建城的城市。小城裡暗藏的故事，多得超乎想像。

四周受嘉義縣環繞的嘉義市，距山與海都有一段剛剛好的距離；由於土地肥沃且開發甚早，遠在清領時期便已是人來人往的交易樞紐，日治時期更因林木業帶動而盛極一時，是當時台灣的四大都市之一。

嘉義市不僅林業興盛，日治時期嘉義市的藝文活動亦相當蓬勃，是全台民間畫會最密集的地區，而有「畫都」美譽；其中，出身嘉義的畫家陳澄波多次入選日本帝國美術院展覽會，名滿天下。

1947 年 228 事件爆發，嘉義市區是全台死傷最慘烈的警民衝突區之一，陳澄波在嘉義火車站前慘遭槍決身亡。不僅這場歷史悲劇為這座城市蒙上一層陰影，加上因日人離去而轉瞬終止的林業進程，以及台灣的經濟重心逐漸北移，且從農業轉向工業，曾是雲嘉南地區教育、商業金融、司法與醫療中心的嘉義市，不再若以往活力滿載。

所幸，早在 1906 年便展開的現代都市計畫及得天獨厚的自然地形和氣候條件，為這座城市的發展奠立了雄厚基礎。儘管戰後的快速工業化及都市化浪潮下，嘉義市並未隨之迅速發展，卻也正因為如此，保留著過往榮景下的眾多歷史遺跡及舊日情調，但經濟活動也沒有自此一蹶不振，依然維持著一定程度的活絡。

嘉義市尺度雖不大，但充滿綠地公園。

黃銘彰 土生土長嘉義市人，畢業於嘉義高中，爺爺是阿里山上的茶農。大學離鄉赴台灣大學就讀法律學系，畢業後投身雜誌產業。2021 年參與台灣設計展在嘉義的主場館展覽策畫工作後，深受家鄉牽引，2022 年返鄉開設創意工作室「平凡製作 studio ordinary」。

嘉義市擁有 17 條「限制性道路」，雖為單行道，但僅限制汽車，開放機車逆向行駛，為嘉義獨有的特色單行道。

帶有滿滿生活感的城市街廓

作為市區節點的「中央噴水池」圓環，不僅是城市的交通樞紐，更是如我這般的在地人心中不可替代的集體記憶場景。無論是漫步於連結圓環及火車站、我們稱作「大通」的中山路軸線周邊，抑或是自圓環輻散出的街頭巷尾之中，都可以發現不同年代的建築。各自散落，新式樓房與傳統老屋在街區之間相映成趣，交融出屬於這座城市繽紛的常民生活樣貌。

這個阿里山腳下的聚落中心，還有著幾處過往山區與平地居民彼此交流物資的傳統市場，至今仍大抵維持舊日的樣貌，每逢晨間便人聲鼎沸，穿梭其中定能體會到嘉義熱切的人情流動。同時，也保有可追溯至日治時期、蘊含長年林業文化肌理的特殊街廓，諸如舊日的驛站、宿舍、辦公廳、貯木場、動力室等建築四處林立，散發著濃厚的「木都」氣息。

大規模的綠地公園也是嘉義市作為一座宜居城市的一大特色。鮮少人知道，儘管嘉義市的總面積不大，卻有全國最大的都會森林公園：位處東緣，占地 36.24 公頃、由嘉義植物園及嘉義公園連結而成的廣袤綠地，是我們平時休憩散心的首選。超過百年的悠遠歷史，造就園區內珍稀的歷史遺跡滿布，且維持高度生態多樣性，甚至留有日治時期自南洋引進的熱帶經濟樹種。這座如同森林祕境般的「城市之肺」，百年來透過遼闊綠意包容著嘉義人生活中的喜怒哀樂，放慢了都市生活的奔忙，撫慰了各個世代嘉義人的身心靈。

星羅棋布的跨世代文化能量串連

近年來，在政策鼓勵及返鄉熱潮帶動下，嘉義市也掀起一陣翻新老屋，開設小店的風潮。許多年輕人返鄉或留在原鄉憑藉一己之力開起獨立咖啡店、書店、甚至藝文空間，為這座老城市注入豐沛的新能量。

2021 年，台灣設計展「家意・以城為家 City as Home」落腳嘉義市舉辦，無謂新冠肺炎疫情，短短十天展期，湧入超過二百萬人盛情擠爆小城。散布城區的多個展覽及響應活動，充分展現這座歷史悠遠之城的文化及設計能量；這場大型展會成了年輕世代詮釋城市魅力的絕佳舞台，透過豐富的設計提案與展策規劃，為嘉義市的未來悄悄種下美學因子。

在日治時期畫室、裱裱店、雕刻店林立而擁有「美街」之稱的成仁街上，便有好幾家由年輕世代經營的小店。不同世代的藝文能量在此交流、碰撞，為城市增添獨特的文藝氣息及無限想像。

像是在街坊受到許多關注，由一對年輕夫妻於 2015 年返鄉開設的咖啡店「木更 Mugeneration」，兩位主理人從自身的設計背景出發，為美街上的五十多年老屋打造超越時代的迷人氛圍，透過咖啡連結起設計與生活，開展出選物、展覽、藝文活動等多樣可能，諸如與風和日麗合作販售唱片、邀請黃玠及大竹研等歌手前來舉辦音樂會、策畫水泥畫及軟膠玩具等多元性質的藝術展覽等等。

「剛開始回到嘉義，難免受到一些質疑，畢竟我們做的事情似乎很少有前例可循。」木更 Mugeneration 主理人之一黃思涵說。

2023 年，嘉義市政府攜手木更推出「嘉義美街圖鑑」計畫，串連平凡製作、大象設計等與在地具地緣關係的創意團隊共創，成功讓美街之名再次受到大眾關注。

「一直到現在，大家慢慢能理解我們在意的每個細節下想傳遞的理念；時不時也會有旅人告訴我們，很訝異嘉義有這樣富有設計感的小店。」黃思涵表示，其實不只木更，近年來嘉義市區咖啡店及風格小店可說是星羅棋布，亦不乏質感出眾者，「這幾年真的有年輕人回來了，而且城市對於新東西的接受度越來越高。」

近年來有不少年輕世代在嘉義市經營咖啡、甜點、書店、藝文等小店。圖為在成仁街上的新華美西裝店，過去為知名西裝店，現則化身為甜點咖哩店。

光是在短短一條成仁街上，就有「栗葉」、「二册」、「新華美西裝社」、「斗酒」、「Smoking'BBQ」、「HERMIT & Co.」……等等由出身背景各異、卻同樣熱愛這座城市的人們開設的小店，皆受到在地人熱烈歡迎，也在網路社群引起討論及關注，「正是因為這些小店的崛起，讓旅人開始願意在嘉義停留，不會輕易跳過這個地方，這是很大的改變。」她說。

這幾年，更有「小城咖啡實驗計畫」、「在地領路人計畫」等在地店家串連發起的行動，當由上而下、由下而上的力量綿密交織，這些散布各處、有理想的小店也隱隱然匯聚成一股追尋美好城市生活的新興能量，為嘉義市增添嶄新的紋理觸感，也讓這座城市給人的印象日漸改變。

小而銳利的獨立書店群落

在國際權威雜誌《Monocle》每年進行的全球宜居城市評選當中，自 2016 年起便將實體書店數量列入宜居城市的參考條件之一。小小的嘉義市坐擁至少 6 間獨立書店，密度之高，足見閱讀風氣盛行。

最早由醫師張宏榮於 1995 年成立的「台灣圖書室」，可說是嘉義、甚至台灣獨立

洪雅書房為嘉義市以社運為主題的書店，策畫許多議題講座，在地經營二十多年。

書店的先驅。在台灣民主化運動過後，張宏榮聚集一群有志之士，期望透過閱讀及講座讓大家繼續了解土地的歷史，蒐集了大量與本土文化相關的書，經營起這個凝聚在地意識的空間。在他逝世後，圖書室幾度面臨經營上的考驗，最終還是留存了下來，至今精神不變。

2015 年，公民運動浪潮後，「勇氣書房」及「島呼冊店」兩間新興獨立書店在嘉義生根，前者的主理人陳秀蘭在長年漂泊海外後，決定回到故土開書店，歷經租約到期一度轉換陣地，最終落腳由舊酒廠建築重新規劃而成的「嘉義文創園區」，透過完整的選書及精心策畫的講座活動，讓關注文藝的在地青年有了自在的棲身之地；後者則由一群心懷翻轉嘉義信念的青年共同經營，其名「島呼」為台語「豆腐」的諧音，這裡除了販售主理人所關注的性別、環境、人權等多元議題書籍，還有小農友善耕作、現磨現做的豆腐和豆漿等豆類餐食。

近年來，島呼冊店、台灣圖書室，民雄的社區型書店「仁偉書局」、結合藝廊與書店概念的「秋書室」、以文學書籍為主力的「渺渺書店」，共同串連發起行動聯盟「嘉義書式生活」，透過策畫閱讀相關推廣活動，盼能突破經營困境，讓閱讀真正走入地方民眾的日常。

319 公民運動浪潮之後，年輕世代受到啟發，回到鄉鎮開設獨立書店、倡議理念。圖為島呼冊店。

在嘉義市，這些小而銳利的獨立書店，扮演著驅動在地力量的基地角色，猶如足以照亮城市未來的星星之火，讓這座逐步高齡化的城市，始終留有策動議題討論及關注土地的力量。

女性長年當家的獨特政治生態

談到嘉義市，不得不提的還有特殊的政治生態。

早在戒嚴之時，嘉義市就因眾多黨外運動支持者，而有「民主聖地」之名；即便國民黨一黨獨大時期都未能取得執政權，一直到 2000 年代，民進黨與國民黨才初次得以在嘉義市執政。此外，在台灣的女性參政史上，非但被市民稱為「嘉義媽祖婆」的首任市長許世賢是台灣政治史上首位民選女性地方首長，一直到 2014 年之前，三十多年來各屆嘉義市市長皆為女性，在男性主導的台灣政壇堪稱史無前例。

令人津津樂道的是，嘉義市長達超過五十年的「選前之夜」拚場傳統。每逢地方選舉前一日，嘉義市各方陣營的候選人不會如其他縣市各自舉行造勢晚會，而會齊聚中央噴水圓環同場較勁，各出奇招，輸人不輸陣；根據民間說法，當夜哪位候選人呼聲較高，隔日選舉的勝出機率就越大。

時至今日，無論政治立場不同，聚首圓環鳴笛鼓譟、搖旗吶喊的激情場景，依然在每回選前之夜上演，且皆能和平落幕。這樣的傳統，不僅已成為深烙嘉義市民腦海的集體記憶，也每每引來等外媒關注報導。在網路社群漸成主戰場、政黨與世代間對立仍屬激烈的台灣政壇，這般極度強調在場性、且近距離對峙卻不衝突的會師傳統，殊異性不言而喻。

上、下／嘉美館為舊菸酒公賣局古蹟連結新建築空間打造而成。內凹的廣場、大片玻璃帷幕的視野，重新連結了城市與美術館。

**循著長遠脈絡
優雅蛻變**

走過建城三百多年歲月，嘉義市這座新舊交疊的小城，仍然依循著自己的步調蛻變著。

除了切截市區的鐵路終於展開高架化工程，催化區域融合新生，市民期盼已久的「嘉義市立美術館」更於 2020 年正式開幕，串連起昔日的「畫都」光景與嘉義市百年來積累的藝文能量，進而為城市創造更具美學思維的發展想像。

嘉美館就位於人來人往的火車站旁，建築由 1936 年興建的「菸酒公賣局嘉義分局」及新建量體連結而成，在最小規模的擾動下整合今昔建物，並運用木頭建材巧妙回應嘉義作為「木都」的命題，2021 年更一舉獲得「台灣建築獎」首獎殊榮。除建築外，從識別系統、文宣品設計、到展覽規劃，都令人耳目一新，吸引在地及異地目光，為城市帶來有別於以往的文化擾動。

曾任首屆嘉義市立美術館館長、現任台中市立美術館館長的賴依欣曾分享美術館最初的議題設定，「以年代而言，美術館延續畫都精神，著眼於 1920、1930 年代至今的作品；議題層面來說，則圍繞在『美術史』和『城市特輯』這兩大主題上。」

從建築、策展到願景，自百年歷史建築重獲新生的美術館，處處回應著嘉義市這座城市自長遠的人文脈絡及自然條件衍生來的本質樣貌，亦即小而精緻、新舊共融，且有著深厚的文化內涵。

站在美術館 3 樓弧形拱廳，透過老窗櫺向外望，是車站前的車水馬龍、巷弄攤商的親切可愛、文創園區的歷久彌新；這座阿里山腳下的小城著實並不華麗奪目，也不那麼為人所知，然而數百年來，它總是如此內斂質樸，以一種優雅自在的姿態在西部平原上自成一格。

的確，它並非小時候想像的全世界，但帶給我的，卻遠比全世界還多。

木更 MUGENERATION

兩位主理人皆為嘉義人，婚後搬回嘉義生活，並在過去有「美街」稱號的成仁街尋得五十多年的老屋，將其改造成為咖啡廳，參與並策畫諸多地方藝文活動，包括「在地人領路計畫」、「嘉義美街圖鑑」等。

• 嘉義市東區成仁街 189 號

01

嘉義　散步指南

TEXT & EDITED by 編輯

Go With The Local

火雞肉飯

無論是早、中午或深夜的宵夜時段，都可在嘉義市找到賣火雞肉飯的店家，每個嘉義人都有自己口袋名單，且油蔥、醬油、雞油……等流派各不相同，建議找一天安排火雞肉飯之旅，三餐宵夜各安排不同風味的雞肉飯，就可找到心目中那碗命定的火雞肉飯。

• 嘉義市大街小巷

03

02

島呼冊店

兩位主理人雖非嘉義人，但因為喜歡嘉義的氛圍，在 319 運動後選擇落腳嘉義，並租下近百年歷史的木造房屋，改造成獨立書店。「島呼」為「豆腐」的諧音，書店不僅賣書，也賣主理人親手製作的無基改豆腐與豆漿。

• 嘉義市西區北興街 86 號

作者推薦私房景點

TEXT by 黃銘彰

❶ 嘉義城隍廟

這座超過三百年歷史的國定古蹟廟宇，是我從小就會跟家人一起來拜拜的地方。至今，仍會來這裡祈求生活平安順利。走進廟埕，心自然就靜了下來。

• 嘉義市東區吳鳳北路 168 號

❷ 嘉義樹木園

日治時期建立的樹木園，坐擁許多珍稀的熱帶經濟樹種，台灣各地的眾多樹之母樹也栽種在此。在小城裡能隨時躲進一座森林，真是件無比幸福的事。

• 嘉義市東區王田里山子頂 270 號

❸ 嘉義火車站

曾被譽為「全島第一摩登車站」的火車站，近年經過「減法設計」改造後，昔日風華再現。晚上發著光的車站，就像在城市一角兀自發光的時光寶盒。

• 嘉義市西區中興路 1 號

嘉義公園

建於 1910 年，依山仔頂山勢開闢而成，園內擁有孔子廟、神社遺址、射日塔、福康安紀念碑等諸多景點遺跡，且綠樹成蔭、風景優美，是座落於城市裡的綠洲空間。

● 嘉義市東區啟明路 264 號

王梨田、鵝肉街、鬼仔厝以外

PROFILE　　行政區 ○ 嘉義縣 ⟶ 人口 ○ **70,143** 人 （2024/3） ⟶ 面積 ○ **85.4969** 平方公里

TEXT by 張嘉祥　　PHOTOGRAPHY by PJ Wang、黃銘彰

蓄力轉變的藝文培養皿

Bîn-Hiông

民雄

五穀王廟。

KEYWORDS

①鵝肉街 ②鬼屋 ③鳳梨田
打貓④ 大士爺祭⑤

嘉義縣民雄鄉，舊稱打貓，位於嘉南平原，是嘉義縣境內人口最多的鄉鎮。在這裡清晨常起霧，早起的農人和上學工作的人都是活在霧裡，在霧中開啟一天。

地方居民的生活大多是農工混合，鄉內有頭橋工業區與民雄工業區，農作物以鳳梨、竹筍、小番茄為大宗，每年 6 月到 8 月，在鳳梨的最大產季，清晨霧裡的鳳梨田都是採收農人隱隱約約的身影，又或者是紀錄片《神人之家》(註1)中採收小番茄的影子，這些霧中的影子大多都是民雄以外的人少注意到的。

為了方便外地人快速了解，民雄人通常會有些羞報地這樣介紹自己：

「有民雄鬼屋的那個地方。」

「中正大學那邊。」

「有鵝肉街的。」

那是一種剛認識時的善意體貼。撥開清晨的霧換上大雨，在中正大學那邊，有個和學校緊鄰的庄頭。火燒庄今天的廟埕傳出歌仔戲、布袋戲和北管的聲音，隔著大雨聽起來有些失真。

註1 2022 年獲台北電影節四項大獎的紀錄片《神人之家》導演盧盈良為民雄人，家族在民雄種植小番茄。

無聲的煙火，
4 月 26 日的火燒庄

「仙女攏衫行佇咧／點仔膠／正跤倒跤飛天頂／挽樣仔。」──裝咖人，〈水流媽〉

民雄鄉的豐收村，舊稱火燒庄。地理位置處在民雄街區與中正大學之間，在過去庄民的記憶中，那裡有數條長長綿延的樣仔樹（芒果樹）連接而成的綠色隧道串連三地，也是台語獨立樂團裝咖人《夜官巡場》作品中的主要場景。

這天是農曆 4 月 26 日，火燒庄的庄民正在為五穀王廟的主神──神農大帝慶祝聖誕。五穀王廟是火燒庄的信仰中心，庄頭以廟宇為中心發散，少子化加上庄裡的青年都去城市工作，如今的廟會已不像二十幾年前那樣──廟埕擺滿夜市、戲台和電影演整夜，電動機台和彈珠台、撈金魚攤販旁，庄裡的小孩開心地亂竄。

今（2023）年的廟會只有歌仔戲班、布袋戲班、戶外電影和一台電子花車，已經下了一整天的大雨，看戲的人少。

傳說中，五穀王廟前的廟埕是一塊風水寶地，專門求雨，風水上稱為「水雞穴」（tsuí-kue-hiat），在過去只要在廟埕演戲，戲台地基木樁一打進土地，就會驚擾地底下的大青蛙，青蛙一動天空就會下雨。

今天的雨下不停，看戲的人少了，地底下的大青蛙還是準時醒來下雨。

五穀王廟旁還有一棟日治時代的洋樓──陳實華洋樓。說到陳實華洋樓可能沒什麼人知道，但和它同時期、同區域的洋樓可能享譽全台，每個在外地不知道怎麼介紹家鄉的民雄人都會說：「有民雄鬼屋的那個地方」。

民雄鬼屋，其實名為劉氏古厝，地方頭人劉容如家族所興建，在劉氏家族搬遷後，洋樓漸漸荒廢。而劉氏古厝之所以興建，是因為陳實華在火燒庄蓋了一棟華美的洋樓，劉容如看見後想要和陳實華比拚財力所築蓋。

只是將近百年後，劉容如蓋的洋樓變成聲名遠播的鬼屋，陳實華的洋樓則變成五穀王廟的廟產，成為火燒庄的公共空間，豎立在庄頭的中心。

張嘉祥　1993 年出生。國立東華大學華文文學系畢業，目前就讀臺灣師範大學臺文所。嘉義民雄人，火燒庄張炳鴻之孫。現為「庄尾文化聲音工作室」負責人、台語獨立樂團「裝咖人 Tsng-kha-lâng」團長、Podcast《台灣熱炒店》節目主持人。2021 年出版《夜官巡場》專輯，入圍第 33 屆金曲獎最佳新人；2022 年出版《夜官巡場》同名小說，獲 2023 年臺灣文學金典獎、蓓蕾獎。

學校與地方的連結，從護芒果老樹運動開始

我們約了國立中正大學教授管中祥在五穀王廟裡進行訪談。2008 年，管中祥來到火燒庄旁的中正大學傳播學系暨電訊傳播研究所任教，今年是他來到民雄的第 15 年。在廟裡他不只跟我們聊天，每位火燒庄的庄民幾乎都認識他，一個大學教授怎麼會從傳播領域進入到農村地方呢？

中祥老師口中不斷提到的詞是「連結」，他說自己其實是從社會運動的角度在思考：作為地方型的大學，應該思考如何讓在地的歷史文化與生態成為地方區域發展的基礎，透過居民及大學師生的公共討論與參與，共同思索與促成城市的永續發展。

要如何促使共同生活在民雄的居民以及大學師生與地方產生連結、一起思索地方的未來？芒果樹成為「連結」的關鍵之一。

串連中正大學與火燒庄的大學路上，植滿整排百年芒果樹，夏日時居民會準備長長的竹竿挽檨仔；每位曾就讀中正大學的學生，也必然有著騎車穿梭於芒果樹綠色隧道的記憶。但承載著居民及師生情感記憶的芒果樹，因為道路拓寬的因素將遭到移植。中祥老師從 2018 年便帶領師生參與「大學路芒果老樹的護樹運動」，與火燒庄居民產生連結，後續帶著四周國小學生打芒果，籌辦「芒果文化節」，又或者是最近成立的「打貓街坊文化協會」，串連民雄地區的文史、藝術青壯年工作者。漸漸地，把散落的個人凝聚成整體、組織，中祥老師口中的「連結」似乎具體了起來。

這樣的連結串連過去、現在與未來。

火燒庄頭人陳實華的第四個兒子陳聯薰，1960 年代拍攝許多民雄的照片，中祥老師和團隊蒐集他拍攝的老照片，於中正大學舉辦「陳聯薰個展」，在現代再度連結火燒庄民與民雄人的時空記憶。

藥局和酒家重建：連結人和土地記憶的第一線

沿著百年芒果樹的大學路往民雄街區行去，在民雄街區佇立著一間彷彿回到台灣 1960 年代的「七星藥局」。第三代的藥局藥師吳至鎧為土生土長的在地民雄人，雖然他的本業是藥師，但深度參與許多民雄文化領域的公共事務，甚至可以毫不誇張地說，至鎧常常是中祥老師連結民雄在地年輕世代的樞紐和執行端。藥師的本業連結著所有上門來買藥的民眾，不管是出門送藥，或來詢問買藥的客人，和健康相關的藥局永遠是地方與人接觸的第一線。

上／七星藥局為近年來串連民雄文化公共事務的據點之一。　中／國立中正大學教授管中祥帶領師生發起護樹運動。　下／位於大學路旁的香火鋪。

藥局旁有一間建於日治時期的「一樂酒家」，為兩層樓的街屋建築，至鎧與其家庭共同參與酒家的修復計畫，希望保存日治時期民雄的酒家文化與建築的空間。

目前酒家大致整修到一段落，1樓的原廚房空間將成為打貓街坊文化協會的辦公室，他們還從另一間老藥局拆解一座日治時代遺留的老藥局櫃台過來，在酒家內原地重組。

2 樓的空間原是酒家的客人包廂，木製的檜木空間，是至鎧爸爸去嘉義市正在拆除的日治木造街屋現場，買下這些老檜木，整理後帶回酒家，讓專業的古蹟建築修復老師拼湊搭建。一上 2 樓就能聞到濃郁的檜木氣味，天花板上保留了兩扇原酒家的吊扇，沒有磨掉太多的鏽痕。

2023/06/27 星期二 17:23:23

上／大士爺廟是民雄的信仰中心，每年農曆會舉辦普渡祭典。　下／慢靈魂不僅是獨立咖啡店，負責人李佳晉也收藏了諸多黑膠唱片與音響設備。

至鎧對於民雄很熟悉，但也有很多記憶是透過爸爸吳嘉文藥師的口述才清晰完整，比如曾經的民雄戲院、民雄的信仰中心「大士爺廟」（註2）。早期媽祖宮（慶誠宮）前是密集的市場，如今市場遷移，大士爺廟中端坐的觀音像始終看著街上汽機車和行人來來往往，每年農曆 7 月 21 日至 23 日，是大士爺廟的普渡祭典，也是全台四大中元祭典之一，為民雄街區每年最熱鬧的時節。

和火燒庄一樣，大士爺祭典期間也常下雨，來參加祭典或湊熱鬧的民眾也就需要撐傘，擺攤販賣雨傘的商家比例多，民雄人會戲稱「大士爺文化祭」其實是「雨傘節」，這段期間可以看見攤販帶來各種不同花色尺寸的雨傘，下雨的時候，會撐滿整條街。

文化蓄力與即將成形

再往民雄的東面行去，轉過街道，路邊有一間坪數不大的咖啡店「慢靈魂」。負責人李佳晉在回到民雄之前，一直在外縣市駐唱生活，2017 年回到民雄經營咖啡店，咖啡賣得並不貴，但剛開始民雄人還是習慣去超商或是連鎖咖啡店消費。

佳晉晚上閒得發慌，找了以前一起玩音樂的朋友晚上在店裡彈奏，戲稱是「民雄夜生活」，並一路延續到現在。慢慢做出口碑後，慢靈魂咖啡現在到了假日一位難求，儼然是民雄最熱門的獨立咖啡店，店裡的音響、唱片 CD、黑膠也陸續升級進駐，現場演奏的音響硬體設備、收音器材也一應俱全，最近的演出還能搬出一套爵士鼓。佳晉說：「賣咖啡和玩音樂，我兩樣都不想放棄，它們是有可能平衡的吧。」

離開慢靈魂，往民雄平交道的方向走去，鐵路旁有一排建築物，乍看之下會以為是倉庫，「Do right 渡對」和「渡對鐵道空間」就在這一排建築物之中。

渡對是一家老屋改造的餐廳，由李贏之和爸爸李英哲、媽媽許雪謹、哥哥李雨仰一起經營。贏之一家人最初的目的並不是開餐廳。爸爸英哲說，有次經過民雄鐵道，發現有這樣的空間，覺得應該要在這邊做點什麼，一家人發揮所長，開始規劃空間利用的可能性，因此成為現今的渡對。

註2　《大士爺廟沿革》：大士爺信仰全台灣都存在，但大多在鬼月結束後會把紙糊的大士爺金身火化送走，唯一有神像存在，並且設立廟宇供奉的只有民雄的大士爺廟。傳說，大士爺狀貌惡鬼，是觀音的化身之一。

渡對鐵道空間原本是隱藏在鐵路旁的鐵道貨運的集散轉運空間，連本地民雄人可能都不熟悉。2022 年生祥樂隊的樂手早川徹（Toru Hayakawa），在這個看似展覽空間又像舊倉庫的地方彈奏鋼琴、拍攝影片，空間外部不時會傳來火車經過的呼嘯聲，樂聲和空間交錯，充滿魔幻的不真實感，我後知後覺地發現，拍攝影片的場地就是渡對鐵道空間。

這樣的藝文空間可以說是民雄近三十年來第一個民營的中型藝文空間，它的成形也貼合著贏之一家人的思維：從空間出發，再去思考利用方式。渡對鐵道空間這一兩年來，除了常駐的靜態展，也有像是嘉義的影像工作室「種種影像」來辦影展。

如此藝文空間的出現，也讓民雄從一個原本農工型態的城鎮，漸漸表現出即將成形的文化蓄力跡象。

離開民雄街區。從民雄路經台一線，往嘉義市的方向行去，會在頭橋看見一間「仁偉書局」。在民雄開業已經 40 年，第二代經營者羅怡芬回來和父母一起經營書店後，開始對書店有了一些不同的想像，1 樓販售文具百貨，2 樓除了原有的教科書、參考書，怡芬進了許多當代的台灣文學書籍，甚至有一整區台文文學的專櫃。

仁偉書局剛好就介於新時代的獨立書店與傳統書店之間，在民雄的人口狀態下，務實發展，保持書店獨立經營的純粹性。

左 / 位於鐵道旁的渡對餐廳與藝文空間。　右 / 仁偉書局在地經營四十多年，如今由二代接手。

台一線的薑母鴨 party：
把四散的藝術工作者召喚回鄉

這幾年民雄的藝術文化領域，看似悄悄無聲，實際卻是生猛地發展。

比如，駐嘉義縣表演藝術中心 16 年的「阮劇團」，副團長 MC JJ（盧志杰）是土生土長的民雄人；民雄出身也書寫在地的台文作家鄭順聰；以民雄家族為紀錄題材的《神人之家》導演盧盈良；第 59 屆金馬獎最佳紀錄片《九槍》導演蔡崇隆也回到父執輩的故鄉民雄居住；多次入圍金曲獎的獨立樂團「美秀集團」，團員修齊、狗柏、冠佑，高中就讀民雄境內的協同中學；2022 年入圍金曲獎最佳新人獎的「裝咖人」樂團，作品《夜官巡場》以音樂專輯和小說兩種藝術形式書寫民雄在地鄉野故事。

阮劇團深耕在地 20 年。圖為 2022 兩廳院藝術出走
計畫《我是天王星》在民雄早安公園演出。

今年成立第 20 年的阮劇團，這些年來慢慢有些和地方連結的特殊習慣和文化，比如每年農曆過年期間都會舉辦「薑母鴨趴」，這兩年都在民雄台一線上的薑母鴨店舉行，好像有種神祕的力量，把四散在台灣各地，甚至待在其他國家的嘉義藝術家、文化人，在過年期間召喚回鄉，在喝酒吃飯之餘，同時交流不同藝術領域的想法，隱隱約約凝聚整個嘉義的藝術文化力量。MC JJ 說，阮劇團把嘉義帶到全國、帶到世界的這 20 年，其實只在做一件事：「我們只是好好地介紹故鄉。」

離開民雄又回到民雄，我才發現民雄似乎有著不斷強調「連結」的個性，在時代不斷新舊交替的狀況下，民雄透過人、土地、事物、記憶、歷史的串連，延伸出一種召喚與思考，不是盲目地追求經濟和前沿的價值，而是必須回到生活的土地和人身上，所有價值的思維都是貼在這樣的連結基礎上，我們才有辦法將四散的民雄人召喚和聚集，從個人凝聚成組織，意識和記憶由點成面。

行在民雄的街區，這些人是有聲音的吧。

01 **陳實華洋樓**

陳家為民雄在地望族。相傳陳家長工在院子裡發現以前盜賊埋藏的黃金而致富，當地人稱其築蓋的洋樓為「阿賊仔舍」。但事實上陳家是靠開發豐收村的水利設施而致富，後代多為醫生。洋樓正面立面有些類似總統府，又有「鄉間的總統府」稱呼。

● 嘉義縣民雄鄉豐收村 88 號

 02

渡對鐵道空間

由鐵道貨運集散轉運空間改造而成，為民雄地區第一個民營的中型藝文空間。因鄰近鐵道，展覽或表演時常會聽到火車呼嘯而過的聲音。

● 嘉義縣民雄鄉建國路一段 95 巷 90 號

五穀王廟

創建於 1684 年，相傳是鐘姓移民來到此地，為祈求風調雨順、五穀豐收而建廟奉祀五穀王。1906 年因為嘉義大地震倒塌，由管理人陳實華募資重建，為豐收村一帶的信仰中心。鄰近中正大學部分校地亦是廟產所捐贈。

● 嘉義縣民雄鄉豐收村 38 號

慢靈魂

2017 年開立的自家烘焙咖啡，提供手沖單品、義式咖啡品項，及甜點蛋糕。負責人喜愛爵士音樂，不定期舉辦晚間的「民雄夜生活」音樂演出。

● 嘉義縣民雄鄉復興路 93 號

一樂酒家

為民雄境內唯一留存的日式酒家建築，主體構造屬折衷風格的閩南式街屋，內部空間則為日式裝潢，主要提供飲食與陪酒服務。2014 年由七星藥局負責人買下修復，1 樓為打貓街坊文化協會據點，結合在地大學 USR 計畫進駐，之後將成為民雄在地的酒家文化、藥史展示空間。

● 嘉義縣民雄鄉中樂路 14 號

作者推薦私房景點 TEXT by 張嘉祥

❶ 家鄉味芋頭餅

過世的姑姑在我們小時候來看我們，通常會帶上一袋芋頭餅，當時不覺得特別好吃，常常放到冷掉，現在每次回民雄有經過都會買一塊來吃。

● 嘉義縣民雄鄉中樂路 53 號

❷ 民雄照記芋圓

在大士爺廟旁的芋圓店，其實有兩家，都好吃。家裡習慣會在冬天去買熱的燒芋圓或燒仙草，我記得寒冬深夜吃熱芋圓的幸福感。

● 嘉義縣民雄鄉中樂路 73 號

❸ 大士爺廟

民雄的信仰中心，每年大士爺祭的時候，是我們最開心的時候，那時候民雄鬧區會有連續數天的慶典，像一座不停歇的大型夜市或樂園。

● 嘉義縣民雄鄉中樂路 81 號

不只是老街、衝浪 還有 新生命力

TEXT by 蕭玉品
PHOTOGRAPHY by 林靜怡

Thâu-Siânn 頭城

PROFILE 　行政區 ○ 宜蘭縣 ──→ 人口 ○ **28,229** 人 (2024/3) ──→ 面積 ○ **100.8930** 平方公里

KEYWORDS

①開蘭第一城 ②衝浪 ③龜山島
釣魚台④ 搶孤⑤

雖然是土生土長的宜蘭市人,但我媽從小在頭城成長,到高中才搬到宜蘭市,她為了找回兒時記憶,隔三差五總要帶我去頭城盧宅、十三行街屋晃悠。所以對於這個臨海小鎮,我也算如數家珍。

舉凡小涼園的八寶牛奶冰、21茶坊的珍珠奶茶、品誼的番薯餅,都是我的「巷子內」名單;除去食物不說,這幾年當起自由工作者,日日在宜蘭與台北間穿梭往來,回回出了雪山隧道,見著洞外天光,心情便舒坦起來,而首先在雪隧外迎接歸鄉遊子的,自然是頭城那片點點燈火。頭城如此令人流連忘返,因為她本身就是個底蘊深厚的城鎮。

開蘭第一城的興衰起落

頭城素有「開蘭第一城」美稱。1796 年,吳沙率領漳、泉、粵等一干眾人穿越三貂角,冒險向南行走,最終從烏石港登陸,建立起漢人在東部的首個據點「頭圍」,並逐步拓墾蘭陽平原。「烏石港」的開港和頭城作為「淡蘭古道」對外的唯一出入口,讓整個城鎮在陸路、水路,都成為貿易的重要門戶。

清光緒年間,烏石港因泥沙淤積而失去航運機能,作為正港的地位不再,加上日治時期北宜間公路、鐵道的開通,又淡化頭城陸路樞紐的地位,地方發展重心便一路往頭城以南的宜蘭市、羅東鎮遷移,地方逐步走向沒落。

現在我們熟知龜山島賞鯨、外澳衝浪和飛行傘的頭城,都是 21世紀後的那個城鎮了,「關鍵是 2006 年的雪山隧道通車,以及衝浪熱潮。」熱愛衝浪的導演于永傑,就是在雪隧開通後,從新北金山搬到頭城竹安的移居者,如今一住已是十多年。

烏石港雖因泥沙淤積而失去航運機能，
但北堤卻成為現今著名的衝浪點。

雪隧開通是美麗的誤會

雪隧通車後，許多人下了頭城交流道，打的多半是左轉方向燈，直往礁溪奔去。「但我覺得，這是個『美麗的誤會』。」宜蘭文史工作者莊漢川說。長期深耕頭城創生的「金魚厝邊」主理人彭仁鴻也持相同想法，他認為，人流都先往礁溪去，反而為頭城爭取了喘息時間，「我們有時間打造軟體基礎建設，並保留好的東西，這是一種祝福。」

莊漢川幼時住過的頭城鐵道宿舍，現今已改建為文創園區。他強調，過往的繁盛貿易，造就了頭城信手拈來皆故事的特色。像是走在頭城老街，經過 1928 年興建、宜蘭縣首任民選首長盧纘祥的故宅，會看到日式屋頂上配著西式老虎窗、牆身混用洗石子與白色面磚的和洋混合式建築，這在當時是不得了的大事。盧纘祥也以傳承漢學文化的意念，帶領創社於 1920 年代初期的「登瀛吟社」走向興盛，詩會活動相當頻繁。當時的頭城地靈人傑，聚集不少文人雅士，「頭城的歷史文化、人文風韻就擺在那裡，關鍵要靠更多不同年輕人、移居者，轉譯出新滋味。」

蕭玉品　宜蘭人。媽媽在頭城住到高中才搬到宜蘭市，所以經常跟著媽媽到頭城找
她童年的回憶。

生長在頭城的彭仁鴻，就是莊漢川口中的年輕人。清大碩士畢業的他，因為到宜蘭縣政府服研發替代役，透過研究宜蘭文化產業、參與地方活動，而發掘家鄉豐富的文化資產。

他一面提案以宜蘭學為核心的課程地圖，成立青年交流專業的平台，藉此找到地方魅力，催生出現在的「宜蘭縣青年學院」；另一方面，為了追隨宜蘭前輩深耕社造的精神，而前往宜蘭社區大學參與社造培訓課程，並在結業實作時和一群頭城的在地人、移居者等老中青三代回到家鄉，開啟後續在老街創生的契機。返鄉至今，彭仁鴻深信：「一定要好好珍惜在地生活的人，只有他們才有機會參與共創。」

頭城老街位於和平街，又叫頭圍街，是頭城鎮最古老的街道，當初因河運發展而興盛，繁榮一時。

共聚在平台激盪出火花

在頭城，地方上有擅長用損壞與廢棄的塑膠水管，製成人偶的自助餐店老闆，以及返鄉接手家業、種植甜心芭樂，但又積極參與社區藝術策展的青年等豐富「寶藏」，讓彭仁鴻想搭建一個聚集這些才藝、激盪出更多火花的平台——這便是「頭城老街文化藝術季」的由來。

2015 年至今，舉辦了 8 屆的頭城老街文化藝術季每年都會邀請身懷絕技的在地居民、移居者進行各種交流，帶出小鎮的魅力與特色。好比蘭陽素來多雨，尤其冬季吹東北季風，更是滴答細雨不斷。看中「蘭雨」已成了宜蘭的標誌性特色之一，在地香行「己文堂」研發出「蘭陽時雨」的臥香隨行禮盒，在彭仁鴻為推廣地方打造的品牌「金魚厝邊」協力與推廣下，成了熱賣商品，「不論是金魚厝邊，還是我們舉辦的頭城老街文化藝術季，都希望透過實驗性平台，讓大家『battle』一下，創造一條共好之路。」

位於更新社區、占地 120 公頃的「頭城農場」，則是另一個特殊存在。隨著 ESG 浪潮興起，頭城農場副總經理卓志成總愛說「什麼地方都可以做永續」，他也確實善用農場坐擁的「森川里海」四種地形地貌，從造林、打造有機菜園到飼養家禽家畜，身體力行實踐循環農業，讓場域化身為「環境教育場所」。

造訪頭城農場當日，正在進行環保署環境教育人員的培力課程。這些學員會在農場同仁、社區養蜂人和農夫的指導下，認識自然生態、循環農業的原理。完成培訓後，即便不是農場裡的正職員工，也可能擔任導覽員。

頭城農場的員工同樣是臥虎藏龍。有為了女兒教育搬來宜蘭的企畫經理林宏達，出於對永續理念的志同道合，負責農場環境、食農教育和永續旅遊的規畫與執行。

在農場裡的「綠色廚房」擔任主廚的吳小龍，爸爸是瑞士人、媽媽是台灣人，25 歲從瑞士來到台灣，並跟著媽媽住在宜蘭。原先在「長榮鳳凰酒店」擔任廚師的他，認為廚師不能不懂自己料理的食材，因此主動應徵頭城農場的廚師。小龍的日常，就是運用農場裡的當季食材、山中野菜和在地漁港的新鮮海鮮，變出如魔法般的「富饒森林饗宴」，或是發揮創意，用頭城的花生、石花凍、金棗等在地食材，研發各種料理。

白磚屋為 60 年的老屋改造而成，聚集了數家對於衝浪有愛好的工作室小店，成為當地新型態的生活聚落。

緊密連結的在地社群

曾任「新港澳休閒農漁業發展協會」理事長一職的卓志成特別提到，頭城的各個社群之間，長年維持緊密連結且不吝支援彼此。

像是頭城農場和金魚厝邊、梗枋的漁村廚房、大溪漁港船長黃士洋都有合作，依照企業教育訓練、家族旅遊、旅行團等不同屬性，齊力串接遊程。遊客上午在頭城農場透過遊程設計認識循環農業，下午就到梗枋漁港邊的「漁村廚房」，由船長娘林淑貞介紹一支釣、定置漁網等永續漁法，並展演鮮魚料理的方法，讓所有人看得到、摸得到更吃得到，「這樣才會留下深刻記憶嘛！」卓志成笑稱。

頭城運用「美麗的誤會」，為自己爭取升級軟體的時間，儘管吸引遊人的腳步慢了半拍，卻沒擋住「熱愛衝浪」的人們，在當地形成新聚落。卓志成解釋，烏石港建起北堤後，攔住漂沙，在外澳形成沙灘新生地，就此成為新興的衝浪勝地。因應這股熱潮，衝浪街、民宿街紛紛應運而生，有原鄉青年因此留在地方，出租衝浪板、教人衝浪，還有不少外地人留了下來。

于永傑就是一例。他不僅在頭城開了義大利麵店「匠客福」，也和幾個朋友組織起衝浪人的生活聚落「白磚屋」，賣日式料理、甜點、手作，也賣衝浪板板架，還經營海邊髮廊。他笑稱，衝浪人的手特別「巧」，白磚屋有人能做餅乾、提拉米蘇，匠客福前主廚也是咖啡師，「我們盡量做有別於頭城的傳統食物，讓大家有不同選擇。」

串連頭城漁村與市街的七個車站

值得留意的是，最近從公路前往頭城逛老街、吃小吃、衝浪之外，又興起「沿著火車站走」的新玩法。頭城鎮有頂埔、頭城、外澳、龜山、大溪、大里和石城 7 個火車站，住在大里、石城等地的孩子，平常都搭火車到頭城國中上學，「頭城人把火車當成捷運在使用。」卓志成說。

莊漢川分享，若以鐵道、漁村為中心，不論往山上走、往海邊玩，像是到草嶺古道、石空古道探險，或是去外澳沙灘喝杯咖啡、玩飛行傘，頭城的每一站、每個點，都能規劃出一天的輕旅行，也符合現代人更喜歡的慢遊模式。

從三重移居頭城逾四十年的卓志成、在地人彭仁鴻，皆有感於頭城近年的變化。由於前往宜蘭的時間縮短，頭城農場接觸到更多來自桃園、新竹、台中等台北以外的旅客，新加坡、馬來西亞等東南亞的散客也日益增加，「以前會覺得頭城好冷清，現在去鎮上、衝浪街，多了許多來自香港、新加坡等外地旅客。」

來自南非的 Anje 自從 3 年前拿到台灣身分證後便移居頭城，2023 年在車站旁的文創園區開了間「貓頭鷹咖啡」。某天晚上，彭仁鴻帶朋友造訪，他精算一張張進出咖啡館的臉孔，從哥斯大黎加、韓國、日本⋯⋯共有來自11國的訪客，儼然就是小型聯合國，「那一晚，我彷彿看到小鎮未來的新想像。」

找到停駐頭城的理由

不論是返鄉的彭仁鴻，移居的于永傑，或是頭城農場的吳小龍、林宏達，都是醉心於這個海邊城鎮的某個元素而決定停駐。像是吳小龍在工作之餘，十分享受頭城相對其他觀光熱點安靜而悠閒的步調。早已熟透頭城山海美景的于永傑，喜歡流連在濱海自行車道，遠眺龜山島美景。平常吃飯、採購生活用品，他和老闆就如同家人般熟稔，「在頭城，生活周遭的人都能彼此招呼，人與人的距離很近。」

2023 年 10 月 14 日的晚上，頭城老街上媽祖廟「慶元宮」的廣場前，頭城鎮公所、鎮民代表會和金魚厝邊，舉辦了「山海之聲頭城老街音樂會」。去年領到台灣身分證、定居頭城的阿根廷歌手明馬丁是表演嘉賓之一，在上台唱完第一首歌後，特別請控台開了燈。他鄭重對所有觀眾說：「很高興，我是頭城人了！」

這些從四面八方而來的不同力量，成為引領頭城向前的重要支柱。沒有人知道頭城未來的模樣，可以肯定的是，這個城鎮散發的吸引力，還會牽引更多的人們到來、留下，進而再長出迥異但層次豐厚的別致樣貌。

頭城生活悠閒、人與人距離近，吸引許多返鄉、移居青年的人前來定居，在當地形成新聚落。

01

金魚厝邊

本為頭城鎮長邱金魚故居，為歷史 50 年的老屋，由在地青年返鄉創生團隊「蘭城巷弄」承租。團隊不僅辦理頭城老街文化藝術季等諸多地方活動，也將老屋打造成為頭城在地資訊站與藝文活動空間。

● 宜蘭縣頭城鎮中庸街 32-1 號

頭城　散步指南

TEXT & EDITED by 編輯

Go With The Local

02

烏石港北堤沙灘

在夏季有穩定的浪，適合新手鍛鍊學習。且在岸邊就可遠眺龜山島，風景優美。

● 宜蘭縣頭城鎮烏石港路 92-1 號

作者推薦私房景點

TEXT by 蕭玉品

❶ 小涼園冰果室

媽媽小時候就吃的冰果室，已有 70 年歷史。爸媽帶我去頭城巡禮時，一定要來上一大碗牛奶剉冰，再外帶一杯木瓜牛奶，才算來過開蘭第一城。

● 宜蘭縣頭城鎮開蘭路 88 號

❷ 北關海潮公園

一線天、豆腐岩，上觀景平台還能遠眺龜山島、觀海和行進中的火車。是著名蘭陽八景之一，但平常人不多，如果跟我討私房景點，我會帶你去這裡。

● 宜蘭縣頭城鎮濱海路四段 10 號

❸ 品誼古早味小吃

就在頭城火車站旁，春捲、蕃薯餅、米粉羹、蘿蔔糕通通必點，完全純粹的好滋味，但生意好到連我平日去都很難搶到蘿蔔糕啊！

● 宜蘭縣頭城鎮城北里沙成路 50 號

(03)

盧纘祥公館

盧纘祥為宜蘭地區著名的漢
學詩人，後出任宜蘭縣首任
民選縣長。其公館前有一座
池塘，有人推測本為為頭圍
港的內海，後來堵塞而淤積，
建造宅邸時，遂將此遺跡闢
建為「舟遊式」庭園。

• 宜蘭縣頭城鎮和平街 139 號

(04)

小涼園冰果室

已有 70 年歷史的冰果室，只有夏季才營業，
八寶冰是招牌，配料皆為當天新鮮現煮。

• 宜蘭縣頭城鎮開蘭路 88 號

The Thirsty Owl 貓頭鷹咖啡

位於頭城文創園區內，主理人來自南非，
因喜愛頭城的環境而定居頭城。白天為咖
啡廳，晚上則化身成為小酒吧，聚集許多
來到頭城的外國人。

• 宜蘭縣頭城鎮纘祥路纘舍巷 1 號

(05)

111

無論離開家鄉後如何在地圖上移動座標，
「我城」始終是把尺度，定錨家的方位，
以我城的眼光凝視他城、移居他城，成為另一種敘事。

2/

MIG
RATION

TOWNS

ÍNG-HÔ
NÂ-KHÁU
UÁN-LÍ
TA-KHE

NORTH

EAST ←← WEST

礁 苑 林 永
溪 裡 口 和

Íng-Hô

永和

TEXT by Mion
PHOTOGRAPHY by 蔡耀瑩．連思博

在蜿蜒的城市裡
孵育夢想

PROFILE　　行政區 ○ 新北市 ——→ 人口 ○ 214,807 人 (2024/3) ——→ 面積 ○ 5.7138 平方公里

對樂團「淺堤」的鼓手堂軒來說，連接永和與公館的永福橋，
是通往夢想的大橋。

過橋往台北市駛去，望著 101 大樓及蟾蜍山，底下襯著新店
溪，早上 8 點，熙熙攘攘，前行的都是居住在中永和，要到
台北市工作的人們。

對於北上的青年來說，雙和一帶是租屋的首選，尤其是永
和，僅隔著一條新店溪與台北對望，過了橋就到台灣大學、
師範大學及建國中學，因此選擇在永和落腳的學生特別多，
堂軒便是其中之一。

因就讀台大而住進永和的堂軒，說今（2024）年他已經「大
十四」，不是指大學讀了 14 年還未畢業，而是從大一那年
起算，已經來到台北 14 年。堂軒選擇久居永和，是為了方
便，白天在家工作練鼓，傍晚到大安區教課，開車也不過 15
分鐘。住處附近美食也不少，現在常吃的是永貞路巷口的嘉
義火雞肉飯，還有文化路上的豆漿豆花，但他最推薦的是鵝
肉勳，偶爾還會巧遇藍正龍。

新北的城市大多有觀光或遊憩的知名景點，中和有緬甸街、
板橋有新北耶誕城、三重有常辦戶外演唱會的新北市大都會
公園——但永和呢？當地人勉為其難地說：「樂華夜市或四
號公園吧！」可惜四號公園不在永和，在中和。

獨立書店「綠書店」的店長許秀美及楊宗翰認為，或許因為
永和是「睡眠城市」，才讓這裡沒有什麼遊憩的場域。入住
永和的人大多在台北工作，平日下班回到永和吃飯睡覺，周
末出去玩通常也會選擇往其他地方跑。

「宜居」讓永和成為許多人的夢鄉，但他們的故事卻大多發
生在其他城市，或許也因此，書寫永和故事的人並不多，但
這裡其實承載大台北地區變遷的歷史與人們的記憶。

連結新北市永和區與台北市公館的永福橋。

KEYWORDS

①樂華夜市 ②永和豆漿 ③韓國街
④全台密度最高之三級行政區

Mion　麥恩，屏東人，第 9 屆金馬亞觀團成員，文字散落在各媒體，聲音出現在
《聊 BAR 電影》Podcast，因為咖啡而和永和有了連結。

始終是人們的落腳處

1958 年，台北縣文獻委員會在瓦磘溝的源頭「尖山」發現 19 件石器及陶器，推測屬於「圓山文化」，距今約 3000 至 4200 年前便有人在雙和的交界瓦磘溝一帶居住；500 至 1000 年前，永和也曾有平埔族「雷朗族」的蹤跡，最早的文獻可溯及 1654 年荷蘭人的調查，「秀朗社」約有 60 戶、228 人居住。

1709 年，清政府核准墾號開墾，福建漳州人及泉州同安人到來此地，經常為了水源及耕地發生械鬥。直到 1859 年，兩方領袖互結親家，設立書院供雙方的子弟就讀，才平息了長久以來的紛爭。以瓦磘溝為界，漳州人多居住於南側，同安人則於北側，奠定了日後中和與永和的劃分。

永和為全台密度最高之三級行政區，人車混雜、小巷遍布，市景也較為雜亂。

根據《永和鎮志》記載，1949 年，國民政府撤退來台時，年過 90 歲的當地士紳楊仲佐有鑑於當時中和鄉鄰近台北市，必然成為衛星都市，便組織地方建設委員會，與省府提出分鄉設鎮的需求，於 1960 年代以瓦磘溝劃分中和及永和地域。四號公園的前身「潭墘」，雖然在瓦磘溝北側，卻多為漳州人，因此不願歸於永和，分入中和，讓如今的永和從地圖上來看，好像缺了一角。

也如同楊仲佐所料，有大量住不進台北市的外省人湧入永和。原本政府想將此地打造成如同美國郊區綠意悠然的「花園城市」——7 個社區，各自擁有公園。但美好的規劃錯估了人口成長量，以為永和頂多住 3 萬人，實際上永和人口在 1961 年就已來到 4 萬多人，當地耆老陳東華說，道路也早在都市計畫前，就已被各式房屋切得凌亂不堪，花園城市的夢本來就是空談。無數北上的中南部人，也在那經濟起飛的年代為了到台北工作而入住，使得永和的人口一再翻倍。

左、右 / 瓦磘溝劃分了永和與中和的地界。

一條屬於永和的川流

原先規劃的公園被住宅及大廈取代,從史前便孕育永和人文的瓦磘溝也失去了原本的面貌,被整治成三面光的排水溝,失去調節水位的能力,讓 1980 年代的永和時常因為颱風而淹水。過去還因此發生了「中正路家具抗爭行動」——憤怒的永和人將泡水的家具扔在中正路上,癱瘓交通,抗議政府不改善水患問題。

後來瓦磘溝終於整治,淹水的問題被解決,但水溝的形貌卻讓永和人遺忘它曾是富饒的川流,許秀美及楊宗翰兩人在一次舉辦「讀字走天涯」活動時發現,參與活動的永和家庭裡,10 組僅有 1 組認識瓦磘溝,於是他們決定與永和社區大學的老師張品攜手,帶著親子導讀這條河流;許秀美也與插畫家邱千容一起創作繪本《醜泥怪》,和小朋友述說瓦磘溝的故事。

《醜泥怪》出版後,故事志工將其帶入校園與小朋友分享,再加上新北市政府水利局近年積極整治,曾因廢水與垃圾累積的惡臭消散,水鳥與蜻蜓也逐漸回來。許秀美說道:「過去這裡的人會覺得河川整治是政府的事,但現在小孩會想『我們可以為河川做什麼』。」

致力推廣孩童教育及環境走讀的他們，曾經被質問在 9 成都是外移人口的永和，是不是對於當地認同很低，為何要在乎環境？他們回應道：「許多人來這裡居住後有了孩子，即便這裡不是他們原本的家鄉，未來也會是他們孩子的家鄉。」

孕育各種可能的城市　　隨著人口不斷移入，不少美食也在永和落腳，1955 年開張的「世界豆漿大王」便是代表，當時極少有店家營業到深夜，許多忙到半夜的工人及藝人會來到這裡填飽肚子，周潤發及周星馳等巨星也都曾特地拜訪，讓「永和豆漿」成為台灣最著名的早餐消夜。

近年引起大家注目的「小螺波」螺螄粉也是從永和發跡，以及被稱為「三足鼎立」的客家小館、三分俗氣及上海小館（已搬遷改名為膳緣江浙料理）更是當地人才懂的名店；除此之外，獨立咖啡廳四處林立也是永和的一大特色。

我第一次踏入永和，就是因為咖啡。那時 2018 年，協助朋友開了間咖啡廳 8 lie down，發現永和的咖啡廳都彼此認識——滿初、自由溫室、森氏咖啡所等，有時會相約一起活動擺攤，不時也會去對方店裡串串門子，討論最近發現了哪些有趣的生豆及風味。森氏咖啡所老闆彥廷就說：「能在永和開咖啡廳是一件幸運的事。」

永和是個適合開咖啡廳的地方，老一輩的永和人本來就有喝咖啡的習慣，移入的年輕人也喜愛嘗試各式咖啡風味，再加上人口基數龐大，彥廷認為可以放膽嘗試，因為這裡更容易找到志同道合的人。

森氏咖啡所穩定後，彥廷於 2020 年開了新的咖啡廳「鬧蟬」，嘗試實驗性的手法與風味，提供 8 種不同的配方豆讓客人選擇。鬧蟬一開始雖不被看好，但實際執行後很被永和人所接受，或許正因為人口基數大、流動多，喜好種類也更加多元。曾經有位只喝深焙的老客人，被鬧蟬淺焙的豆子所打動，開啟了對咖啡風味的新探索，這樣的變化正是彥廷所期許，也是件很永和的事——在不斷的改變裡找到驚喜。

位於永和的世界豆漿大王。

上／森氏咖啡所的裝潢以溫潤的木頭質感為主。
下／森氏咖啡所主理人彥廷。

**在錯綜的巷弄
淘洗自己的夢想**

永和蜿蜒複雜的街道,是在花園城市的想像被提出前便已成定局,許多人來這裡,看到空地便蓋起自己的房子,造就如今迷宮般的街景。

走入永和的小巷,雖然一不小心就可能迷路,但轉角及巷弄間總會出現有趣的小店可以挖掘。土生土長的楊宗翰說,他小時候總會和哥哥把巷子當成綜藝節目《百戰百勝》的「魔王迷宮」玩耍,而搬入永和的許秀美,則常把迷路當成冒險,牽著綠書店的店狗Josh 到處看看新風景。

「親愛的朋友你知道嗎／台北的早上那樣透明／希望你不會發現／我給了自己說也做不到的安慰／一直都沒有說出口／我不敢凝視你的臉／雖然手上的咖啡灑了一片」

來自高雄的淺堤樂團在〈永和〉裡如此唱道。寫下這首歌的主唱依玲說，這是送給朋友的歌，記錄下彼此追逐夢想的身影。

從台北流入的人，分支散落在永和的大街小巷裡，有人日夜往返，不斷地在理想的路途上奔走；也有人選擇在此開枝散葉，不再漂流，那些巷弄裡林立的小店與租屋，彷彿都是他們各自萌芽的證明，如同默默洗滌永和的瓦磘溝，逐漸變得清澈，孕育著生機與可能。

福和橋下的跳蚤市場。

永和 散步指南

TEXT & EDITED by 編輯

森氏咖啡所

藏身於巷子內的自家烘焙咖啡館，
提供手作甜點與熟食餐點。空間以
木頭家具與綠色植栽妝點，充滿雅
致的情調。

● 新北市永和區水源街 39 巷 26 號

樂華夜市

興起於 1970 年代，入口處原本有一
間樂華戲院，逐漸聚集攤販，形成
夜市，為永和相當熱鬧的觀光夜市。

● 新北市永和區永平路

綠書店

主要販售二手書的獨立書店，選書以科普與
環保類型的書籍為主，寵物友善空間，經營
者致力舉辦閱讀、藝術及在地文化推廣活動。

● 新北市永和區中正路 151 巷 8 弄 18 號

福和橋跳蚤市場

全台最大跳蚤市場，約有四百多攤，清晨 6 點半即開始營業，菜市場、二手雜貨，你想得到的，這裡幾乎都有賣。

● 新北市永和區成功路一段（福和橋下）

📍 作者推薦私房景點　TEXT by Mion

① 鬧蟬咖啡

有選擇障礙的人請小心。鬧蟬的配方豆種類繁多，我最喜歡的是「花」，甜點則會搭配時令水果隨季節變化，每樣都好好吃。

● 新北市永和區保順路 15 號 1 樓

② 北蘭阿姨商行

能在深夜吃到厚片吐司，是件很幸福的事 <3，過去是夜晚下班的好夥伴，有 Ubereat 後在台北也吃得到，只是幸福的金額變貴了。

● 新北市永和區復興街 87 號

③ 福和橋跳蚤市場

挖寶的好去處，只是開得很早很早，清晨限定。這裡價格便宜，貨源未知，永和人不時有機會在這買還失物（？）

● 新北市永和區成功路一段（福和橋下）

林口 Nâ-Kháu

PROFILE　行政區 ○ 新北市 ——→ 人口 ○ **133,911** 人 ⁽²⁰²⁴/³⁾ ——→ 面積 ○ **54.1519** 平方公里

同溫層
與苦苓林　之間

TEXT & PHOTOGRAPHY by 廖偉棠

在一個美國通訊兵 Larry Kelley 留下的紀錄短片裡看到的 1963 年林口，竟然和我第一次來林口時的感覺相像：空曠、寂寥、如獨立於時代之外。當時我對伴侶說的第一句話是：「以後我們要在這個美國西部一樣的地方過下去了？」第二句是「酒吧在哪裡？」

林口的酒吧的確屈指可數，最有特色的兩間酒吧都是新移民經營的：英國人的都鐸館餐酒館和香港人的 Black Sugar，前者掛滿都鐸王朝的傳奇人物畫像，供應精釀啤酒和傳統英國下酒菜；後者特色是一杯杯名叫「九龍皇帝」、「叮叮」、「香港加油」的港味特飲……。

但 1960 年代時的林口一度小酒吧、歌廳不少，因為駐扎在太平嶺的美軍「樹林口通訊站」（Shu Lin Kou Air Station）官兵為數眾多，常到林口消遣。據耆老回憶：「『義士村』成立後，他們也會來那裡喝酒。而反共義士離鄉背井，恨死美國人，雙方喝點酒後，難免有些偶發事件……」不過，這也許只是數年風光，不久美軍撤走，安置韓戰投誠中國士兵的義士村和相關的心戰總隊、光華電台亦陸續撤離林口，現在的林口已經罕見風月，晚上 10 點過後一片清靜。

美軍留下的痕跡，除了 Larry Kelley 的 8 釐米紀錄片，就是 Google Maps 太平嶺上還能辨認出的一個圓形，那就是耆老所說的「大地球」——軍用通訊設備的痕跡吧。而「義士村」，其實也僅僅留下了在湖南里、林口國中旁邊一根電線桿上的三個字，以及後面尚未清拆的幾間磚房，沒人想到韓戰後那些在身上刻了反共刺青的異鄉人，曾經在此漸漸消磨復國的意志。

林口竹林山觀音寺舉辦廟會活動。

屬於文學同溫層的浮游群落

離兩者不遠,有不一樣的青春激盪。林口名剎竹林山觀音寺,在台灣當代文學史留名,卻是因為寺旁某間小樓房2樓曾被幾個年輕的軍旅作家合租,他們是辛鬱、張拓蕪、楚戈和後來的《聯合報》主編趙一夫(趙玉明)。房子剛租下來,詩人商禽來訪,即以他剛剛從新聞看到的一個天文名詞「同溫層」給予此地命名。

這一段軼事除了當事人,也見於作家劉大任的回憶:「原始的『同溫層』,我是經常的訪客之一。我那時有個女朋友,師大藝術系的……到了該交作業的時候,我們就奔向『同溫層』求救。從台北去同溫層,交通還算方便,公路局台北西站有定時班車,跳上車,大約1個小時,就到了同溫層所在地的苦苓林。每次去,除了抱回楚戈的一批中、西畫習作,不免還要飲酒作樂,廝混個半天一天。」

林口年輕人口成長快速,根據 2023 年的統計,林口壯年人口占比約為 69.14%,是新北市人口老化程度最低的行政區。

後來劉大任還把其小說《浮游群落》其中一章命名為〈同溫層〉,把這些當年的波希米亞人的悲喜轉移到一個流亡學生胡浩的家裡。「總之,『同溫層』也就成為那個時代自命『前衛』那一小群人的生命象徵。」

劉大任提到的「苦苓林」,也是林口的其中一個別稱。據我林口朋友的長輩回憶:「在地林口人若說苦苓林,即指公西一帶。但外來或外地人,會將公西與林口混談。」——公西屬於緊挨著林口的桃園龜山,如今仍然有駐軍和靶場,只是苦苓林這個地名已經在地圖上消失掉了。

當年「同溫層」作家所屬的軍隊是林口心戰總隊,而非公西的,但「苦苓林」這個名字照樣令當時的詩人作家們印象深刻,瘂弦的第一本詩集,即題名《苦苓林的一夜》,1959 年 9 月由香港國際圖書公司出版。據瘂弦說靈感來自徐志摩《翡冷翠的一夜》,但是苦苓林唸起來就像閩南語的「可憐人」,肯定也是一個在地人給他們這些外省作家的靈感。

廖偉棠 林口寄居的香港詩人、作家,在林口寫作了《一切閃耀都不會熄滅》、《劫後書》、《有托邦索隱》等書。

1960 年代，走到略顯荒蕪的林口，你要選擇「同溫層」還是「苦苓林」呢，就看你要如何選擇那個時代個體對抗命運的方式，我們理解同溫層的抱團取暖，也理解苦苓林的孤軍自傲。林口向來在這兩者之間，對此地最早的文字紀錄出自漢人郁永河的《裨海紀遊》，他於 1697 年行經林口海邊，寫下：「自南崁越小嶺，在海岸間行，巨浪捲雪拍轅下，衣袂為濕……」事實上，林口最原始的遺址是 1 萬年前的太平村遺址，大半也淹沒在海水之下了。

仿效英國新市鎮，接軌國際的嘗試

18 世紀中期，多個漢人聚落在林口各地形成，其中「樹林口」莊落位居要津，漸漸壯大成為日後林口的中心。樹林指的是相思樹，而不是苦苓林。1920 年，日本殖民政府廢縣為州，「林口莊」正式定名，隸屬台北州新莊郡。戰後國民政府接收台灣，更改為林口鄉，屬於新莊區的一部分。國府遷台後，於 1950 年後廢區，改由台北縣直轄，稱為林口鄉。2010 年 12 月 25 日，五都改制案通過，台北縣改為新北市，林口鄉改制為林口區。

但在這條明面上的變更線下面，還有另一個林口計畫的變遷。那就是「林口特定區都市發展」的一波三折。據國立臺灣師範大學地理學系學者研究：從 1960 年代晚期所訂定的原始計畫、1975 年的都市化地區的劃定，到 1978 年新市鎮開發整體計畫，這些歷次所制定出來的內容，遂皆是以林口台地中央頂部為地方發展核心，劃定出──「都市化地區」，以此作為新市鎮的發展重點區域。

而特定區內非都市化地區則以暫緩發展區、保護區等為主的土地分區進行土地使用管制，具「台地部分為都市化地區，以四周峻坡為永久綠帶」的特性，乃是仿效英國自 1946 年以降的新市鎮開發模式。

當時許多國家仿效英國的經驗，於 1974 年時成立了一所國際性的新市鎮經驗交流機構：國際新市鎮協會（International New Town Association，INTA）。當時民國政府不但參與該協會運作，最初的林口特定區的都市計畫書，有相當多聯合國顧問參與，甚至最初計畫還是以英文寫成的……可見除了發展需要，政府還以之作為國際交流的機會。

林口竹林山觀音寺為當地信仰中心，創立於
清朝時期，於 2000 年重建。

作家陳輝龍打造的獨立書店書房味道，販售二手書、日本原版畫冊、陶器，目前停業中。

這也許是林口第一次國際化的嘗試，不過後來的事林口人都知道，特定區計畫幾經停頓，只有土地發展限制令給在地人帶來不少困擾。直到 1990 年代，台北都會區發展飽和，「林三淡」（林口、三峽、淡水）得以重啟發展，緩解台北受薪階層的住屋需要。後來隨著桃園機場捷運的修建和運營、三井 outlet 的進駐等等，林口漸漸成為大台北地區的新寵兒。

因為介於機場與台北之間的地理優勢，還有全新的住商機能規劃，近年來，林口也成為了香港移民的首選之一，漸漸地，這也有點「同溫層」的意思了。我們的台灣故事也這樣開始，從初來貴境只懂得去三井 outlet 和茶餐廳尋找香港記憶，到熟悉老街與國宅黃昏市場買菜、尋找隱藏在巷弄的 café 和書店，我們的融入能力肯定比五、六十年前的美軍強。

不同的林口，集體記憶與眷戀

最初讓我們與林口產生連結的，就是一家書店「書房味道」，位於中正老街較冷清的一面，和市場區只有一個十字路口之隔。書房味道是著名作家陳輝龍創辦的，他是半個林口人。日本原版畫冊和陶器、陳輝龍的品味在書店的每一個細節都表露無遺，我們第一次造訪正好碰見他在擺放自己的新小說《多出來的那人》。

二十多年前，我在香港的一家舊書店買到他的《照相簿子》，沒想到在 2018 年的林口，陳輝龍成為了物理距離離我最近的一位作家，書房味道從此成為是我不時尋寶之地，更因此我對林口這個地方產生一種「安心地」之感——我想這是每個書蟲都有的感覺，一間好書店會取代本地的所有成為你心中的一個座標。所以一年後陳輝龍離開林口，「書房味道」暫停營運，我的林口一下變得失落，因為對於我來說，這裡是一個林口的平行世界，就像前文說的都鐸館酒吧一樣。

而在林口在地朋友的童年回憶中，林口還有一個平行世界屬於海和山。現職出版社資深編輯的昀臻，屬於走出林口去台北的新一代，但她依然懷戀老林口。「我的父系跟母系家族，之前都住在靠近下福一帶，較近海邊，後代才移居到現在的林口市區，外婆家與叔公家等，都還在下福等地……」她給我看她早年寫的一篇散文〈時間怪手〉裡面的林口：

「在那個空氣裡猶飄散著淡淡茶香的年代，我們矮稚的身軀，穿梭在名之為周厝、曾家庄或吳村的庄子裡。以公廳為核心的宅邸，向右向右地延伸出隻爪，室連著室、廊接上廊，關係或親或疏地全聚攏在一個屋簷下，像寄生在闃暗巢穴裡的螻蟻生物……這裏曾經供應全台近五分之一的磚，然而我們距離用磚砌樓造屋的年代已遠，最後一座磚窯工廠早成了歷史遺跡；列隊整齊的茶樹曾塗抹出一片片墨綠山坡，但偏酸土質終究養不出頂級茶葉，土地重整後，烘茶時的香氣更只有在記憶之林裡嗅尋了……」

林口北堤沙灘上可眺望風力發電的大風車。

敘述的雖然是我們都知道的林口往事，但情感無疑比我們想像的要濃烈。她還跟我們說起以前林口的霧，「你會看不清 5 公尺外同學的臉，我騎腳踏車上學都害怕迷路，到了林口國中，你能看見成形的霧一縷縷飄進課室的窗口……」這自然和台北人害怕的霧不一樣，也和我們這些新移民詩意化渴慕的霧不一樣。即使是說到我感到有些驚悚的在縣道兩旁的滿山遍野的墳墓，她也視若閒事，「小時候有的墳墓就在住家之間，我們繞著它玩，一點都不害怕。」我們也因此明白了她常說的林口人彪悍民風的基因何來。

一個林口擁有多樣的林口回憶與風貌，比如說這裡也是很多上一代僑生的集體記憶。現在師大林口分校所在，以前叫做僑生大學先修班，簡稱僑大。僑大於 1984 年 8 月遷至林口，僑大大禮堂旁矗立「華僑為革命之母」的鐘樓，也曾是林口的地標。1987 年，導演朱延平籌拍大頭兵系列電影，即以僑大先修班新校園為《大頭兵》一片主場景。現在我們在台北和林口接觸的不少香港新移民，竟也能回憶起當年赴台求學，在林口僑大苦學國語和「中華文化」的場景。在他們的回憶中，這又成了一個平行世界的中華民國。

現在林口的國際化，除了我們在超商常常聽到的粵語，還有隨國際企業而來的日韓家庭、國際學校帶來的外籍老師和家長、甚至印度餐館的印裔廚師……歷史的未來的林口、在地的國際的林口，「同溫層」與「苦苓林」交錯生長，應該會成為一個年輕城市充足的滋養。

林口擁有嶄新且良好的住商機能規劃，過去俗稱「僑大」的國立臺灣師範大學林口分校亦座落於此，地利因素下，使林口成為一座國際化的城市。

01

林口三井 Outlet

林口三井 Outlet 為近年來林口新地標，全區共有二百多個國內外品牌進駐，提供潮流精品、美食饗宴、電影娛樂等多重購物體驗，亦帶動林口新市鎮的發展。

● 新北市林口區文化三路一段 356 號

林口　散步指南

TEXT & EDITED by 編輯

Go With The Local

02

老公崎步道

可銜接林口新寮休閒步道，全程偏向原始的自然泥徑，夏日充滿綠意，油桐花開時期為賞花熱點。

● 新北市林口區仁愛路一段 123 巷 9-15 號

作者推薦私房景點

TEXT by 廖偉棠

❶ 竹林山觀音寺

即使是沒有宗教信仰的我，也會每個月去拜拜，在美麗的雕塑包圍下感到非常祥和。

● 新北市林口區竹林路 325 號

❷ 咪咪二手書坊

是本城唯一一家舊書店，老闆經歷豐富，可以跟你聊半天，有不少 80 年代的文藝著作等待發掘。

● 新北市林口區中山路 590 號

❸ 老公崎步道

林口的隱世祕境，疫情期間我常常帶著全家在裡面流連忘返。

● 新北市林口區仁愛路一段 123 巷 9-15 號

03 林口仁愛路觀景台

視野良好，可眺望林口區及台北市景觀，天氣
晴朗時可看見台北 101。

● 新北市林口區仁愛路一段 167 巷口

04

都鐸館餐酒館

英式風格的餐酒館，整體空間裝潢以亨利八市的都鐸
王朝為概念，提供啤酒、炸魚薯條等英式餐點。

● 新北市林口區文化三路二段 211 巷 49 號

05

林口中正藝術商街

又稱林口舊街，為林口歷史最悠久的
商業聚落，街上充滿許多老招牌的在
地小吃店，以及當地人習慣採買的傳
統市集「舊市場」。

● 新北市林口區中正路 133 號

TEXT by 林秀苑
PHOTOGRAPHY by 唐佐欣

藺草之外

Uán-Lí

苑裡

自我認同的
編織與創造

PROFILE　　行政區 ○ 苗栗縣 ⟶ 人口 ○ 43,669 人 (2024/3) ⟶ 面積 ○ 68.2473 平方公里

苗栗縣苑裡鎮，很像是你我身邊最熟悉的陌生人。如果只是走過、經過，不一定認得出來，但是定神細看，又恍惚間好像似曾相識，模糊的小鎮輪廓裡映照著什麼，跟我們的生命經驗呼應。

這裡曾經依靠特殊的風土條件——大安溪沖積扇平原的肥沃土壤和平埔族道卡斯族的編織文化，孕育了清領時期發展起來、日治時期大放異彩的藺草編織產業，也讓家家戶戶的苑裡人，雖然隱身於另外一個地名「大甲」草蓆、草帽的響亮招牌之後，但賺了不少補貼家用的錢，提供全台和國際市場最多的藺草製品，更為苑裡奠定了重要的文化和教育發展基礎。

由於商業發展繁榮，苑裡在 1909 年有了當年在新竹州內吞吐量極大、繁華的公共市場建築，落腳於 1922 年通車的海線火車站前；也由於地方鄉紳在乎下一世代的教育，而奔走相告、募資倡議，向當年的總督府提議，多蓋一間給台灣孩童唸書的公學校。這些繁華的蹤跡，仍可以在苑裡看到——現已登錄為歷史建築的「苑裡公有零售市場」和山腳國小日治後期宿舍群。

循百年市場，一探小鎮身世

若要依循苑裡街區輪廓去探問這座小鎮的身世，當然要先從這座有歷史層層疊疊累積、人們摩肩擦踵交錯而成的市場建築認識起。這裡位於小鎮最黃金地段，曾有一扇市場舊大門，迎接所有在火車站下車來到小鎮的人，讓所有南來北往的貨物、鄉里重要資訊、農事生產和販賣文化，得以在此一節點上連結、交換。因此，小鎮菜市場，通常反映小鎮最真實的性格。

不信的話，試著閉著眼，穿過苑裡的菜市場。此時耳畔流動的是雜貨小販節拍總精準落在點上、抑揚頓挫的海口腔台語促銷聲，還有魚販充滿力道、尾音拖長的喊價聲，都自帶一種大魚劃破海平面的氣魄。這是苗栗縣內少見的聲景。站在市場中，打開身體感受，穿梭的人龍，像是奏起輕快的圓舞曲，買與賣之間、討價還價之間、寒暄問暖之間，人們共舞，還帶著一點點海的味道——沒錯，絕對不是錯覺——苑裡是靠海的小鎮，市場內魚攤不成比例的多，以新鮮、生猛的氣味為這座市場下了最好的註解。

這座百年老市場的發展軌跡如同苑裡小鎮，也不是一路順遂。1970 年代，苑裡也面臨許多台灣小鄉小鎮都有的人口外移問題，「來去台北打拚」的思維，讓人們從藺草田、農田出走，菜市場規模因此減縮；市場更曾在 2018 年遇到祝融之災，大火燒掉部分珍貴的日治建築和兒時記憶，但也燒出了苑裡鎮民對於家鄉的新認識和熱情。

苑裡菜市場是台灣第一座由民間提報暫定古蹟的菜市場，並成功爭取到歷史建築身分，未來將以新的姿態再現。雖然目前光芒仍封在工程圍籬之後，但光影仍能透過老市場紅色磚牆的大大窗戶，折射出新舊並存之地方發展想像。菜市場未來能否成為小鎮新亮點、送往迎來的小鎮客廳，值得期待。

苑裡菜市場為當地居民主要採買的傳統市集，圖為苑裡菜市場外圍。

林秀苇 大學之前遊牧於新加坡和台灣的城鄉之間，現為苗栗新住民，因社會運動而落地在苑裡，開一家書店「掀冊店」過生活。

國寶音樂大師郭芝苑故居保存良好，可透過預約導覽的方式參觀。

走進國寶音樂家故居，感受土地生命力

接著，且在市街上稍轉個彎，不難發現有一棟氣派但安靜的紅磚老宅悄然隱身於喧鬧市場之後。這裡是台灣國寶級音樂家郭芝苑的老家。這位藝術家創作過台灣第一首鋼琴協奏曲、輕歌劇，經歷過台灣現代化、二戰、語言轉換、戒嚴和解嚴等歷史時刻，在 92 歲逝世前的晚年更是獲獎無數。郭芝苑作為受日本教育的台灣本土知識分子，當然也有「失語」的困頓，但透過他思想上的奔放，取材最草根、最有生命力的台灣傳統元素，再以他所學到的西方古典音樂，創作出一曲曲動聽的民族音樂。

有趣的是，可能由於郭芝苑一生都在家裡創作，許多膾炙人口的樂曲都是從這片庭園和外延的市場、老街、廟埕等生活空間長出，所以故居空間也頗富音樂性，自帶 D 大調，具透明光亮色彩。當暖陽輝映在大埕，隨著風和花園裡的紅薔薇隨風搖擺，眼前這畫面不禁令人想起郭芝苑的名曲〈紅薔薇〉，描述戰後時期台灣本土知識分子的幽微情感。

「紅薔薇呀，紅薔薇／微微春風搖花枝／花枝就是伊歌語／歌語開花紅薔薇」

不屈不撓的文人精神，不為人知的心聲，藏在花香歌語裡。

現在一般人透過預約導覽，得以走進這座郭芝苑家屬和地方團體協力保存的郭芝苑故居，不只能欣賞美麗的庭園，還能走到郭芝苑晚年與他人交流的沙龍空間，欣賞他所遺留下來的手稿、樂譜。這不但是座連日本音樂史家都欣羨的音樂博物館，在每年定期舉辦的故居音樂會上，還有機會聽到國際級音樂家的演出。

郭芝苑故居中保留許多其珍藏的日治時期樂譜及書籍。

百年帽蓆行，見證昔日藺草風華

承載小鎮富有的「現代性」，除了郭芝苑的音樂，還有苑裡的藺草帽。漫步到苑裡天下路老街，這條曾為小鎮最熱鬧的「帽蓆街」，步入那間百年振發帽蓆行，就能在靜謐的小店裡，透過老櫥櫃穿越時空隧道，回到日治時期摩登年代。以前的帽蓆行，是仿新潮百貨公司空間型態去打造的，大洋綠的檜木櫥窗，展售著一頂頂曾在時代潮流前沿的帽款。

苑裡藺草編織的仕女帽。

明治維新時期，除了政府體制、社會文化、貿易經濟在現代化之外，人們的身體也在現代化，開始穿起西式服裝。而人們身體現代化的最後一哩路，是由頭上的那頂帽子完成。

《台灣日日新》報裡，甚至還刊過一則「帽子是社交界的通行證」的廣告，解釋了帽子的重要性，也解釋了日本人為什麼特別偏愛藺草編織帽子——既然需要在各種正式場合戴著帽子，但在氣候條件悶熱潮濕的熱帶殖民地，久戴帽子實在令人難耐，好在有來自苑裡的藺草帽，解決了這個問題。於是日本及台灣商人將這些高品質的藺草帽，從產地苑裡南邊的貿易轉運站「大甲」大量輸出海外，在日本神戶、南洋、歐美，都有藺草帽貿易往來的紀錄。

而在苑裡的振發行，這間台灣最後一間有百年歷史的帽蓆行內，能讀到許多關於藺草編織的祕密。細讀帽子的編織紋理，細細密密的交織纏疊，彷彿叨叨絮絮說著往日的風光，柔軟的纖維又有韌度的彈性，似乎帶著一點纖弱、又帶著一點骨氣。藺草作為日治時期高級的植物纖維織料，雖因台灣社會變遷，被塑膠製品逐漸取代，但被視為夕陽產業的藺草編織工藝，就像振發行裡的帽子，仍直挺挺地穩坐櫥櫃中、絕不低頭，等待著有緣人溫柔捧起。

目前年齡 65 歲以上的苑裡女性，多少都會一點藺草編織的手藝，但傳統的帽子和草蓆銷量有限，需要新能量的投入和轉化。現在有年輕人投入傳統，貼合當代消費趨勢，為藺草編織品找出新的設計樣貌，行銷出新的通路；也有來自越南新住民投入藺草種植的行列，承接世代種植藺草的水田，務實地為苑裡和台灣持續耕出一畝畝的新鮮草料，供應著藺草編織新生的夢想。

上、下／振發帽蓆行擁有百年歷史，至今仍在營業，傳承苑里蘭草文化。

青年返鄉，掀起土地認同感

同時也在編織夢想的，還有苑裡街上的書店「掀冊店」，苑裡近年來第一間獨立書店。這間書店由一場環境抗爭集結起來的青年團隊苑裡「掀海風」經營，從「反」到「返」，以小鎮生活步調重新思索地方，希望讓更多人認識苑裡的美好；透過音樂、書籍、走讀和在地風土餐飲，將苑裡土壤所長出來的獨特文化，以不同的媒介傳遞出去，也藉由各種串連合作，一經一緯，將不同的社群網絡編織起來。

譬如書店裡限量供應的甜點「芋泥捲」，即是由當地甜點師參與在地社會運動過程中，所認識的農夫阿伯友善種植芋頭所製而成，販售芋頭的所得收入又可以支援教育志工返鄉在書店做課輔活動。而在書店上不同課程的高中生，免費上1小時的課，需要回饋社區2小時的服務。因此，藉由一顆苑裡芋頭，掀海風有機會形成一圈圈向外拓的影響圈，稱之為「苑裡教芋部」，是結合「時間銀行」和社區支持型農業的社會設計。

掀冊店為苑裡第一間獨立書店。

又例如，一年一度民間自發的藝文季「海風季」，號召苑裡青年返鄉一起辦一場祭典，如同過往媽祖廟埕前的活動，都是鄉庄裡的大家有錢出錢、有力出力，為聚落的光榮感而舉辦。苑裡海風季也強調自力募資，舉辦一場集結在地風土人情的音樂會、市集和展覽，讓一整個小鎮藉由一場祭典，編織出關於未來的圖像。

掀冊店窗上寫著詩人陳延禎所創作之新詩〈海線〉，描寫從台南坐火車往花蓮經過海線的見聞。

近年來，苑裡聚集越來越多人，開始返身尋找自身的文化 DNA，翻找藏在小鎮地理皺摺裡的歷史，找回自己是誰。在苑裡，因為郭芝苑，讓我們有了一張張聲音地圖，指示尋找身分的去向；因為有藺草，來自這片土地代代傳承的氣味，讓我們能夠據此循索家族記憶；海風季的舉行，也逐漸凝聚新世代的在地能量，讓更多小鎮居民擁抱自己的過去，勇敢而自信地踏向未來。

或許沒有響亮的名聲，但有著豐厚的歷史文化底蘊，還有層層疊疊的氣味與聲響交織，這便是苑裡小鎮無可替代的魅力。

阿良師古早理髮店

在地經營超過五十年的古早理髮店，提供男士理髮、剃鬚、掏耳等美容服務，阿良師今年已八十多歲，仍在執業。

• 苗栗縣苑裡鎮天下路 153 號

苑裡 散步指南

TEXT & EDITED by 編輯

Go With The Local

02

振發帽蓆行

創立於 1922 年，座落的天下路為苑裡從前最熱鬧的「帽蓆街」，見證苑裡小鎮藺草織品外銷世界的風光歲月。

• 苗栗縣苑里鎮天下路 159 號

♀ 作者推薦私房景點

TEXT by 林秀苅

❶ 振發帽蓆行

踏入台灣百年藺草帽蓆老商號，彷彿走進時光膠囊的空間，藺草獨特香氣在鼻間暈開，令人沉醉地以為置身百年前的繁華小鎮老街。

• 苗栗縣苑裡鎮天下路 159 號

❷ 鄭記魚丸

號稱苑裡人帶得走的鄉愁，每一顆吃的都是當地人的回憶。獨特風味，身為異鄉人的我，卻一試成主顧。天冷的時候直接下碗清湯喝，暖心。

• 苗栗縣苑裡鎮為公路 12-1 號（苑裡台電服務所旁）

❸ 原豆粹食

充滿活力朝氣、融合當地食材的豆花，是當地的豆腐老店第三代青年出來創業，用慢煮的誠意和用心的店面管理，收穫不少遠道而來的客人。

• 苗栗縣苑裡鎮新興路 86-1 號

郭芝苑故居

郭芝苑出生於 1921 年,有「台灣現代民族音樂之父」之稱,其將台灣文化融入作品中,樂曲帶有對土地、人文濃厚的情感。其逝世後在地青年、團體發動保留故居行動,整理後對外展示其作品手稿及文物史料,並不定期舉辦音樂展演。

● 苗栗縣苑裡鎮為公路 36 號

掀冊店

由在地青年團隊掀海風經營的複合式獨立書店,除販售書籍、餐飲之外,亦關懷在地文化,經常策畫藝文講座、活動及相關行動倡議。

● 苗栗縣苑裡鎮新興路 35 巷 22 弄 32 號

鄭記魚丸

開業於 1968 年,目前傳承第三代,位於市場內,每天使用新鮮鯊魚製作魚漿與魚丸。

● 苗栗縣苑裡鎮為公路 12-1 號
　(苑裡台電服務所旁)

礁溪

千年時光
流轉　氤氳

PROFILE   行政區 ○ 宜蘭縣 ⟶ 人口 ○ **34,966** 人 ^(2024/3) ⟶ 面積 ○ **101.4278** 平方公里

Ta-Khe

祝福之地

TEXT by 吳緯婷
PHOTOGRAPHY by Jimmy Yang

我的礁溪印象，首先是一盞盞安靜公路上暖黃的路燈，黑暗裡連接的光之緞帶。接著是一顆顆發燙的石頭，濕潤地冒著白煙氣，女人們圍坐在池邊，橘紅燈光落在青春的、年老的胴體上，孩提的我，不曉得為什麼，也害羞地垂下眼來，把自己埋在燙熱的泉水裡，雙頰像番茄般漲紅。出澡堂時，暖意從身子最裡面漫出來，從山邊吹來的涼風，落在身上，讓人彷彿也輕飄飄飛起，進入一陣溫柔的睡意。

想起自己特別喜愛的《神隱少女》，那燈光中霧溶的蒸氣、澡客放鬆舒懶模樣、隧道另一端的神祕地界，一切如此熟悉。而在 2006 年雪隧開通後，50 分鐘內直達台北，便捷的交通，讓礁溪一躍成為熱門的旅宿勝地，也為這百年溫泉小鎮的環境和生活，帶來新一波劇烈的衝擊。

來去礁溪「洗魂舒」 ^(註)

位居宜蘭偏北的門戶之地，一出雪山隧道，幾乎就抵達礁溪了。西邊是雪山山脈，7 條河流由山一路向東、向下流去，進入人潮密集的平原區，101 平方公里、約 3 萬 5000 名人口數的礁溪，北接頭城鎮，南臨壯圍鄉、宜蘭市、員山鄉，不僅是宜蘭南北向的必經之地，也連結各處，車常在小路上開著開著，就繞進了隔鄉的範圍。

形狀完整，是小而和美的台灣鄉鎮模樣，然而因為擁有溫泉，注定了她的命運將備受眾人注目。但如今寸土寸金的礁溪，在開墾之初，卻意外不受青睞。

1776 年，福建漳州人林元旻由河流而入，成功入墾淇武蘭，此前一年墾民「還不需要開墾到燒水堀地方」之說，是溫泉的最早紀錄。1796 年吳沙率漳、泉、澳移民千餘人拓墾蘭陽，於礁溪建立湯圍（今溫泉中心德陽村）、三圍、四圍（今吳沙村，吳沙故居現址）等據點。雖然「湯圍溫泉」煙霧旖旎的景象，被時人蕭竹列為蘭陽八景之一，但因不利農作居住，開墾價值不高。而漢人以閩南語「乾溪」(TA-KHE) 稱呼此地長年乾荒的河床，成為「礁溪」的由來。

被評為不利耕種的溫泉地段，在日治時期瞬間翻身。日本人晶亮著眼睛，知道溫泉是寶。

註　「洗魂舒」為台語宜蘭腔「洗澡」之意。

1919 年將礁溪火車站設於湯圍，並開闢公共浴場及高級貴賓室，接待民眾和士紳，也鼓勵營運飯店，出現最早的日人旅館——圓山、樂園和西山，以及台人開設的昇月樓，礁溪自此進入了旅館年代。

圖文藝術家幾米於「礁溪轉運站｜旅人廊道」打造毛毛兔藝術裝置。

KEYWORDS

①溫泉 ②金棗
抹茶山③ 鴨肉④

日人開設旅店，也留下了那卡西和酒番文化，有酒、有歌、有溫泉的礁溪，隨 1950 年開始的台灣經濟起飛，消費力提升，情色產業也逐步興盛，於 1970 至 1980 年代達到巔峰，亦吸引國外商務人士來訪，留下「溫柔鄉」的稱號。1990 年代後，由於低成本的卡拉 OK 漸漸取代那卡西、經濟的不景氣以及政府加強掃黃、酒測臨檢政策，礁溪情色印記淡去，轉向休閒旅宿、闔家歡樂的明亮路線。

但獨身、男性的你，若走走那條小旅館林立的德陽路，說不定仍會遇到年長大姊向你招手：「進來休息啊，我們家很隱密的。」身為女性的我，不曾有這種機遇。那些語焉不詳、被人藏在霧裡雲裡的事物，該如何對待？我喜歡一位友人的說法：「身為礁溪小孩，這也沒什麼，德陽路就是礁溪常態。」

吳緯婷　宜蘭人，2023 年遷居礁溪。著有詩集《白 T》、《一次性人生》，散文集《三十女子微物誌》、《行路女子：記每個將永恆的瞬間》。

湯流寫之官邸溫泉施泄。

千年之前，沙洲與河道的寶藏

暫且將時間回推，拉得更遠一點——關心文史之人提及礁溪，更興奮的，應是近年考古的大發現。

白雲村大竹圍聚落，1991 年因為北宜高速公路的施工，而發現了「大竹圍遺址」。上文化層出土繩紋陶及夾砂素面陶等，屬金屬器時代；下文化層的陶器、石器群及台灣首次出土的大型木桶，屬距今約 4200 至 3700 年前的新石器時代中期。舊名「抵美簡」意即「沙洲」的大竹圍，藉由考古，為蘭陽平原沖積扇地貌變遷的過程提供新線索，也在史前人類遷徙和北東地區交流上，補齊一塊神祕的拼圖。

2001 年因得子口溪的治理工程，意外挖出大量的瑪瑙珠、幾何印紋陶罐、錢幣等文物，以及纖細精巧的「金鯉魚」編織飾品，是為「淇武蘭遺址」。文物埋於水面甚至海平面之下，是台灣少見的水下遺址，搶救工程備感艱辛。但亦因保存於河道之中，遺址猶如受時間封印和祝福。依荷蘭人戶口紀錄，1648 年宜蘭曾有四十多個噶瑪蘭聚落，原民人數約達上萬人。如今在蘭陽博物館內，看復原的干欄式家屋及文物，17 世紀淇武蘭大社在眼前隱然成形，噶瑪蘭人傍水而居，漁獵、耕作、紡織，於平原上安然度日，一如他們的名字——平原之人。

不斷增添的礁溪魅力

有古有新，礁溪總是令人驚奇。她的面貌，似乎也在時刻變遷著。

小時候常到五峰旗攔沙壩水池，泳裝一套、一跳，就是夏日樂園，累了就坐在分流泥座上，放空看山打水花；走完瀑布，回程至大忠路拐彎香腸伯小攤，來份格外香的大腸包小腸。一旁的高爾夫球場，是老爸的老派景點，不打球，也能一覽平原風景。球場後方的林美石磐步道，是自小造訪的森林步道啟蒙地，綠意、溪流、微喘又舒適的節奏，一樣不缺。若沒有爬山心情，那就來到龍潭湖，沿湖路上協力車熱鬧穿梭，我則偏好慢慢地走，走完一圈，剛好把一件小事想完。龍潭湖旁春捲伯的蝦餅和春捲，是會特意前往的小食，趁起鍋熱燙地吃──哎，那是真幸福。

說起吃，不能不提金棗和鴨。礁溪金棗產量居全台之冠，粒粒黃橙飽滿，伴手好物的橘之鄉，便是由礁溪林家經營。而早年常有水患的低窪地區，盛行養鴨，發展至今，可在鴨寮轉型的甲鳥園，來片香濃的全鴨蛋蛋糕；或在合鴨米灶腳，切盤鴨肉、炒筊白筍，配上合鴨米白飯，就非常在地；而礁溪路上的宜蘭滷之鄉，是最常造訪的小吃店，選用紅面番鴨，以草藥入滷汁，味道特別勾人，夾一盤鴨頭、鴨翅、鴨心、滷蛋，配上豬腸冬粉，一桌豐盛無比。

冬粉好的，還有林家豬腸冬粉、玉仁八寶冬粉；滷味呢，還有三民大飯店。飽餐過後，我喜歡走進「邦比諾義式冰淇淋」，來兩球冰淇淋甜筒。老闆何欣哲多年前因工作輪調意外來到礁溪，看好觀光人潮，2014 年起的周末由台北往返老街開店，是二地居創業的代表。他不僅選料用心，也富有實驗精神，研發出許多令人上癮的口味──與鄰近飯店合作，推出大人風味的蜂蜜威士忌；或親自探訪果農，製作在地口味的紅心芭樂（枕山）與鐵觀音（三星黃記製茶）。而店內童趣的旋轉木馬圖樣，不僅洋溢對妻女的珍愛，亦提醒不妨「常保孩子」（邦比諾，bambino，義大利文）般的純真童心。

礁溪盛行養鴨，衍生出許多鴨肉相關美食，圖為合鴨米灶腳的鴨肉。

長大之後，礁溪有點變化——佛光大學和淡江大學分院設於林美山上，成為另一高等教育重心，而佛光的人文社會學院，也補齊宜蘭大學重農、工的學術缺角。

礁溪也出現了許多新景點，4 至 5 月到小礁溪匏崙村，在靜夜溪流聲中，看滿山螢火蟲飛舞於身邊；溪谷旁的有朋美術館，與在地藝術家合作，成為新興展覽空間；被日本帥氣攝影師小林賢伍一拍成名的抹茶山，掀起另一波山行風潮。

建築在礁溪，亦蔚為一條特色路線。廖偉立建築師設計的礁溪教會，隔鄰便是田中央聯合建築師事務所打造的礁溪戶政事務所；再驅車往上，於櫻花陵園看歷史、生死與建築，如何交織。2021 年甫開幕的跑馬古道公園，由明德訓練班改建，園內楓香、台灣欒樹、福木、苦楝、杉樹繁盛生長，削減了人造物的存在感，軍事建築垂直水平的剛硬線條，隱沒在森林和地形裡，與自然融合為一。「做設計的時候都在想，如何讓人看見這座山。」田中央聯合建築師事務所團隊這樣思考，用減法設計，僅做最小幅度的建物補強，一脈銜接到跑馬古道，將山的氣息帶入都市的呼吸之中。

上 / 具風格的建築成為礁溪近年來的一大特色，圖為礁溪戶政事務所。　下 / 了了礁溪的建築延續了礁溪山景，使建物成為風景的一環。

復返在地的經營美學

引領田中央團隊的黃聲遠建築師與宜蘭縣政府合作，「以跑馬古道公園為礁溪精華區留下一片綠地」的初衷，或許也代表 2006 年雪隧通車後，許多宜蘭人的心願。

近 15 年間旅館星羅棋布，與大量溫泉住宅建案共用著有限的溫泉資源。雖受《溫泉法》及每日抽取總量的規範，仍帶來溫泉熱度、地下水位下降，和超抽疑慮。湧入的觀光車流，也讓礁溪路和中山路經常壅塞不通，不少居民下班回家，只能改以步行，找一條回家的路。

觀光化勢不可避，帶來經濟效益卻也對日常生活和生態環境造成影響，成為了兩刃劍。這片土地，真能承接這樣強度的開發嗎？然而幸運的是，尊重自然的態度無獨有偶，礁溪的旅宿經營者，也正思考人與土地該如何共生共榮。

「飯店不是一棟鋼筋水泥蓋的房子，它其實像生於土地的一棵樹。樹居住的環境，環境好，它才活得好。」老爺酒店集團執行長兼礁溪老爺酒店總經理沈方正說。於雪隧開通前一年開幕的「礁溪老爺酒店」，是在地耕耘的代表。不僅將發源於宜蘭的歌仔戲，搭配中英日文字幕，長年定點演出，也策畫蘭陽人物如黃春明、吳炫三、阮義忠、黃聲遠等人的系列展覽。

「旅人來這裡放慢步調，重點是要看到地方的價值。旅館應作為平台，讓人感受在地物產、歷史、人文、自然環境。」這是沈方正的經營哲學。由此出發，植栽捨棄討喜的開花植物，回歸原始林相，以雪山山脈中低海拔的喬木和灌木來設計，維持與附近相同的生態；在培訓上，與文史老師莊文生合作，頭城、礁溪、宜蘭的知識

成為員工的必修課；也因帶旅客走跑馬古道，自然地發起淨山活動，「你會看到穿裙子、高跟鞋的人，跟我們一起拿夾子撿垃圾的獨特景象。也很難想像出去玩，媽媽會帶孩子去淨山。這是很有意義的事，做了，跟地方的連結就不一樣。」飯店作為平台，讓旅人看見在地的美好，由消費者轉變為守護者。

2021 年開幕的話題旅館「了了礁溪」，在經營之前，經過多年沉澱：「這塊地很多建商來談過，樓層高一點就可以看到龜山島和海岸，我們思考，賣給建商，風景就是私人擁有，如果做成旅宿空間，就能與更多人分享。」了了礁溪創辦方代表林思雨與林品佐說。

以分享為初心的浪漫，也延伸於各層面：招募在地員工，設立少見的藝廊空間，並承接「宜蘭厝」的理念，建物也是風景的一環。曾志偉的自然洋行團隊以孟宗竹圍繞建築，呈現礁溪桂竹林聚落的竹圍家屋意象，了了彷彿成為背後山景的延續。

「沒有用到最大的容積上限，也退縮空間讓前景更完美，希望其他有興趣做旅宿的人，也能響應這運動，一起把地景地貌顧好，而不是把建築蓋得很高很滿。」這種反商業邏輯的決策，標誌出新一代的礁溪旅宿美學。

千百年來，人群在此聚散，為這片山水間的土地深深著迷。期待礁溪的居住者、移居者與造訪者也帶著同樣心情，想像自己是一株與大地連接的樹，享受她的種種美好，亦共同承接並創造更美的理想明日。

那幼時昏黃的光線，為我提前洩密了
未來整段煙霧繚繞的青春
和關於女子所將經歷的
水漾流動的旅程
而池邊燥熱發燙的石頭
彷彿親切的同夥
為我安靜切保存
仍然臉紅
卻再也不能回頭的遺跡

在溫泉氤氳裡，低頭細看逐日變化的肌膚
原來女子——
像被囓咬的果子，從傷口生出蜜
像含納沙屑，而漸漸養成的珍珠
我們身體有風、有雨，雕刻出平原與深谷
並從淺淺皺褶中，蘊藏
深處最暖的水泉

溫泉女子　　　　吳緯婷

從黑暗的夜路，一直走
跟隨青草的氣味，那羞怯的提點
就觸碰到
大地溫暖的肚腹

從那溫暖的中心，湧出
橙黃光線的童年
那兒有潔白的女人，年長、年少
齊全光譜的年紀
她們一致勇敢地祖露
所有日間積累的祕密，和所有歲月的贈禮
並以一瓢水、兩瓢水
不斷澆灌
在水下膨脹的
亟欲舒展的靈魂

礁溪 散步指南

TEXT & EDITED by 編輯

01

跑馬古道公園

前身為陸軍管訓單位的明德訓練班，營區廢棄不用之後，由宜蘭縣政府代管，並與田中央聯合建築師事務所黃聲遠建築師合作，將其從營區改造成為公園。

• 宜蘭縣礁溪鄉德陽路
  179 號

02

玉仁八寶冬粉

曾經獲選為「台灣百大小吃名店」之一，在地經營近三十年，八寶冬粉為其招牌，以料多鮮Q著稱。

• 宜蘭縣礁溪鄉中山路
  一段 326 號

03

礁溪老爺酒店

顛覆過往旅客僅把飯店作為過夜處所的常態，結合礁溪人文風景、風土美食，打造以飯店為中心的深度文化旅遊。

• 宜蘭縣礁溪鄉五峰路 69 號

04

邦比諾義式冰淇淋

主理人因喜愛礁溪的環境，自 2014 年開啟台北、礁溪兩地居住生活，並在礁溪當地經營義式冰淇淋店。口味眾多，多選用在地水果食材，推出沙皮狗、水豚君創意造型冰磚，受到歡迎。

• 宜蘭縣礁溪鄉中山路一段 189 號

礁溪教會

屬於台灣基督長老教會，為舊址重建之教會建築，建築師考量礁溪在地特色，採取「重新定義教會並且因地制宜」的方式重建教會，整體建築無牆且具通透性，保留舊教會部分磚瓦與窗戶，結合清水模材料，展現雅致溫和的氛圍。

• 宜蘭縣礁溪鄉礁溪路四段 122 號

05

TEXT by 吳綺婷

作者推薦私房景點

❶ 森林風呂

男女裸湯，有不可取代的妙處。你觀看，也被看，一切盡是風景。而當燈籠亮起，白蘭花、木籬廊、幾隻睡貓，彷彿京都。

• 宜蘭縣礁溪鄉公園路 70 巷 60 號

❷ 春捲伯

韭菜春捲薄脆；蝦餅有地瓜的甜，蝦子的鹹香，放冷也不膩。銅板價，少少兩個品項，自小吃到大的好味道。

• 宜蘭縣礁溪鄉育龍路 21 號

❸ 跑馬古道公園

白日有山嵐、綠意，我卻更喜歡夜裡到訪，那時常杳無人聲，在路徑緩步，只有樹影搖動，蟲鳥鳴叫，獨享一座小森林。

• 宜蘭縣礁溪鄉德陽路 179 號

ROOTS ——— MIGRATION

12
TOWNS

IN
TAIWAN

編後語

在成為高雄人之前，
我先是成為了左營人

幼時認識世界的過程中，鴻蒙初開的疆土，是環繞著「左營」這座城建構擴張的。

如同玩即時戰略遊戲一樣，世界的起始視野（Line of Sight），是以左營大路為起點軸線，周遭籠罩著黑色的戰爭迷霧（Fog of War），隨著行動能力增加，逐步向外清除迷霧，在打開地圖的探索過程中，視野漸漸明亮：果貿、半屏山、蓮池潭、孔廟、哈囉市場、舊城……這些場景輪廓，依序建立彼此相對應的座標位置，牢牢標記在我的世界地圖上。

我的小小世界，在座落這些場景的地圖中日日築基茁壯，如欲跨出這一方疆土遠征，前往位於南邊的熱鬧都心，孩童的我們會雀躍且慎重地說：「去高雄。」——即使左營屬於高雄的一部分。

長成後，北上流連於不同城市求學工作，不知不覺間，在外縣市生活的年月已超過了家鄉成長的歲月。「高雄人」是在異鄉自我介紹時，昭示來自何處的身分標籤。但若說起家鄉，比起有著海港、駁二、壽山等大山大海意象的高雄，心中第一浮現的，仍是那座以左營大路為中心點，有著東西南北四座城門圍繞的小城。

長大回望後才漸漸明白，這座規模尺度不大的「我城」，是形塑我對於世界認知，以及身分認同的起點，在成為更大範圍的高雄人之前，我先是成為了左營人。

城鎮不僅是地理方位、行政區域，更蘊含著生活在其中的人們與之相連的情感記憶，它構成了城鎮最重要的肌理脈絡。

《我城我鎮：走入台灣十二座小城的故事》為《VERSE》雜誌自創刊以來的固定單元「My Town」精選集結。我們邀請20位橫跨20至40代的作者、攝影師，以採訪報導的形式，紀錄拍攝城鎮的模樣，不僅書寫城鎮身世脈絡，也注入作者私我記憶情感，從小寫敘事出發，為當代台灣城鎮建立嶄新敘事模式。

本書分為「Roots」、「Migration」兩部分。「Roots」篇的作者出生成長於當地，他們的生命歷程與城鎮密切連結，歷經求學工作離開家鄉的斷裂與重返，從其再回望的視角中，刻印著城鎮時代變化，以及與地方風土緊密相連的氣味，勾勒出不同於大眾印象中城鎮樣貌。

「Migration」篇的作者因為移民、移居、工作,在生命某個階段與一座小城相遇。他們注視城鎮的目光不同於原生居民的習以為常,有著新鮮探索的視野,以及與其心中位於他方的「我城」比擬相較的意味,從另一種視角為城鎮賦予新觀點。

每篇城鎮故事的文末皆附有「散步指南」,由編輯整理文章中報導及採訪的景點,並特別邀請作者推薦與其自身情感記憶相關的餐飲小吃或者特殊景點,收錄成為「作者推薦私房景點」。這些五花八門的景點,可能是當地人才知道的三角點、藏在市場中的魚丸店,或者是小時候常玩耍的廟宇……隱藏著獨一無二的眷戀情感,等待著你去探索。

台灣有 368 座鄉鎮,無論是如何平凡的小城,都有屬於自己的故事,等待被書寫。

至於我的城呢?許久之後,鐵路地下化,橫亙小城東、西的鐵軌拆除,交通運輸、商業機能轉移至從前鐵軌以東的「新左營」,原本鐵軌以西、熱鬧繁盛的左營城變成了「舊左營」。這座城鎮的模樣,已不同於我幼時的記憶。新的左營城,正在形塑下一代左營人對於世界的理解、家鄉的認同。但無論它的過去與未來、新與舊,終將成為這座城的一部分,形成這世代的我們共有的集體記憶。

義大利作家伊塔羅・卡爾維諾(Italo Calvino)的《看不見的城市》中,馬可波羅對忽必烈說,無論他怎麼描述齊拉(Zaira)這座城市有多少台階、拱廊有多麼彎曲,都是沒有意義的。他說,對今日齊拉的描述,必須包含其一切過往,「但是,這座城市不會訴說它的過去,而是像手紋一樣包容著過去,寫在街角,在窗戶的柵欄,在階梯的扶手,在避雷針的天線,在旗桿上,每個小地方都一一銘記了刻痕、缺口和捲曲的邊緣。」

《我城我鎮:走入台灣十二座小城的故事》試圖從這些微小的刻痕、缺口,以及捲曲的邊緣切入,為城鎮建立書寫敘事。

屬於你的城,又有什麼樣的故事?

———— 主編　梁雯晶

VERSE
Books Topic 001

我城我鎮：走入台灣十二座小城的故事
My Town：Narratology of Taiwanese Towns

社長暨總編輯 —— 張鐵志

主編 —— 梁雯晶

設計 —— 李宜家

文字 —— 吳緯婷、林秀苑、施清元、郭振宇、郭 璈、陳湘瑾、
張嘉祥、温伯學、黃銘彰、葉瀣毅、廖偉棠、蕭玉品

攝影 —— 王人傑、林靜怡、施清元、唐佐欣、陳安嘉、張晉瑞、
連思博、黃銘彰、楊捷茗、廖偉棠、蔡耀徵

出版 —— 一頁文化制作股份有限公司

地址 —— 台北市松山區富錦街 359 巷 2 弄 4 號

電話 —— 02-25500065

Email —— hi@verse.com.tw

發行 —— 時報文化出版股份有限公司

地址 —— 桃園市龜山區萬壽路 2 段 351 號

電話 —— 02-23066842

印刷 —— 宏辰印刷企業有限公司

出版日期 —— 2024 年 10 月　　定價 —— 490 元

國家圖書館出版品預行編目 (CIP) 資料

我城我鎮：走入台灣十二座小城的故事 = My town：
narratology of Taiwanese towns/ 吳緯婷、林秀苑、
施清元、郭振宇、郭璈、陳湘瑾、張嘉祥、温伯學、
黃銘彰、葉瀣毅、廖偉棠、蕭玉品文字 . -- 臺北市
：一頁文化制作股份有限公司；桃園市：時報文化出
版股份有限公司 , 2024.10

面；　公分 . -- (verse books my town ; 1)

ISBN 978-626-96330-7-4（平裝）
1.CST: 人文地理 2.CST: 都市 3.CST: 臺灣

733.4　　113009410

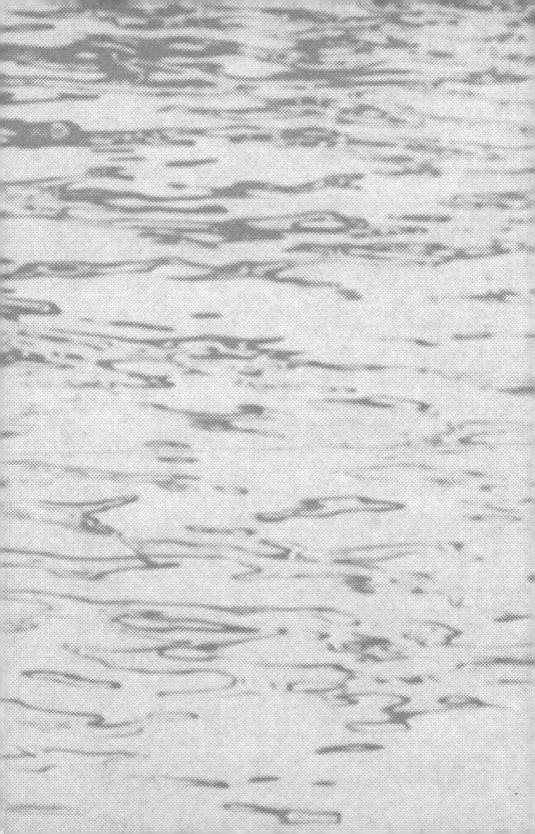